La compréhension orale

**DIDACTIQUE
DES LANGUES
ÉTRANGÈRES**

La compréhension orale

CLAUDETTE CORNAIRE

Édition : Marie-Christine Couet-Lannes
Couverture : Michèle Rougé
© CLE International 1998 – ISBN 2-09-033327-8

Sommaire

PREMIÈRE PARTIE
COUP D'ŒIL RÉTROSPECTIF.. 13

CHAPITRE 1
L'enseignement de la compréhension orale :
d'hier à aujourd'hui.. 15

LE COURANT INTÉGRÉ.. 16
La méthode audio-orale
La méthode SGAV

LE COURANT LINGUISTIQUE.. 19
La méthode situationnelle
L'approche communicative

LE COURANT PSYCHOLOGIQUE... 22
L'approche naturelle
L'approche axée sur la compréhension

TABLEAU 1 : les grands courants de l'apprentissage
de la compréhension orale.. 29

DEUXIÈME PARTIE
ESSAI DE SYNTHÈSE... 31

CHAPITRE 2
Les modèles de compréhension orale................................. 33

LES CONTRIBUTIONS AU DOMAINE DE LA COMPRÉHENSION................. 33
LES MODÈLES EN LANGUE MATERNELLE.. 35
La classification de Wolvin
La classification de Rost

LES MODÈLES EN LANGUE ÉTRANGÈRE 40
Le modèle de Nagle et Sanders
Le modèle de Lhote
Les tentatives de validation de modèles

TABLEAU 2 : les modèles de compréhension orale 50

CHAPITRE 3
Les stratégies d'apprentissage et d'écoute 53
QU'EST-CE QU'UNE STRATÉGIE ? 54
LES TECHNIQUES D'OBSERVATION 54
LES STRATÉGIES D'APPRENTISSAGE EN LANGUE ÉTRANGÈRE............... 55
LES STRATÉGIES D'ÉCOUTE EN LANGUE MATERNELLE 57
LES STRATÉGIES D'ÉCOUTE EN LANGUE ÉTRANGÈRE 60

TABLEAU 3 : les stratégies d'apprentissage et d'écoute 69

CHAPITRE 4
Les caractéristiques des interlocuteurs 73

La recherche en langue maternelle 73
Les caractéristiques du locuteur 73
    – L'habileté langagière, le prestige, la personnalité
    – La connaissance des règles socioculturelles
    – Les styles des enseignants
Les caractéristiques de l'auditeur 75
    – Les connaissances antérieures
    – La compétence linguistique
    – Et les autres variables

La recherche en langue étrangère 78
Les caractéristiques du locuteur 78
    – La personnalité
    – Le sexe

Les caractéristiques de l'auditeur 79
    – Le niveau de compétence langagière
    – La mémoire à court terme
    – Le degré d'attention
    – L'affectivité
    – L'âge
    – Le sexe
    – Les connaissances antérieures
    – Les difficultés langagières en langue maternelle

TABLEAU 4 : les caractéristiques des interlocuteurs 96

CHAPITRE 5
Les caractéristiques textuelles 99
LE DÉBIT, LES PAUSES ET LES HÉSITATIONS 99
La recherche en langue maternelle 100
    – Le débit
    – Les pauses et les hésitations

La recherche en langue étrangère 103
    – Le débit
    – Les pauses et les hésitations

LE DÉCODAGE AUDITIF 107
La recherche en langue maternelle 107
    – L'apprentissage de l'écoute chez l'enfant
    – Les fonctions démarcatives des faits phonétiques
    – Les autres fonctions

La recherche en langue étrangère 111
    – L'apport des faits phonétiques à la compréhension
    – Les difficultés particulières

LES MODIFICATIONS MORPHOLOGIQUES ET SYNTAXIQUES 114
La recherche en langue maternelle 114
La recherche en langue étrangère 115
    – Les textes préalablement modifiés
    – Les textes spontanés de type conversationnel

LES TYPES DE TEXTES 120

La recherche en langue maternelle 121
 – Les typologies de typologies
 – Les études textuelles
 – Les textes avec support visuel

La recherche en langue étrangère 125
 – Le niveau de difficulté des textes
 – Les variables contextuelles
 – Les documents authentiques
 – Les textes avec support visuel

LES TÂCHES 131

La recherche en langue maternelle 132
 – Les typologies de tâches
 – Les sources de difficultés

La recherche en langue étrangère 134
 – Un modèle de réalisation d'une tâche
   de compréhension
 – Trois types de tâches et trois types de textes
 – La prise de notes et le résumé
 – La compréhension orale : une voie privilégiée
   vers l'acquisition ?

TABLEAU 5 : les caractéristiques textuelles : Le débit, les pauses,
 et les hésitations 141

TABLEAU 6 : les caractéristiques textuelles : Le décodage auditif .. 144

TABLEAU 7 : les caractéristiques textuelles : Les modifications
 morphologiques et syntaxiques 146

TABLEAU 8 : les caractéristiques textuelles : Les types de textes 148

TABLEAU 9 : les caractéristiques textuelles : Les tâches 150

TABLEAU 10 : compréhension orale et acquisition 152

CHAPITRE 6

Les interventions pédagogiques 153

QUELQUES LIGNES DIRECTRICES POUR L'ÉLABORATION D'ACTIVITÉS
DE COMPRÉHENSION 154

LES ÉTAPES DE LA COMPRÉHENSION ORALE ET LE PROJET D'ÉCOUTE... 159
La préécoute
L'écoute
Après l'écoute : réinvestir l'acquis dans une tâche réelle

CONSTRUIRE SON APPRENTISSAGE AU MOYEN DE STRATÉGIES 165
Les stratégies métacognitives
Les stratégies cognitives

LA PRATIQUE PHONÉTIQUE : UN ÉLÉMENT ESSENTIEL
À L'APPRENTISSAGE DE LA COMPRÉHENSION 176

LES NOUVELLES TECHNOLOGIES ET LEUR APPORT SUR LE PLAN
DE LA COMPRÉHENSION 179
La vidéo en classe de langue
Les supports informatisés

L'ÉVALUATION DE LA COMPRÉHENSION 185

TROISIÈME PARTIE

EN GUISE DE PROSPECTIVE 191

CHAPITRE 7

Quelques tendances évolutives récentes 193

UN BILAN EN LANGUE MATERNELLE 193

UN BILAN EN LANGUE ÉTRANGÈRE 195
La compréhension orale : vers de nouveaux débats
La compréhension orale, la « Cendrillon » de l'enseignement de
l'anglais langue étrangère ?
Des avancées certaines

BIBLIOGRAPHIE 201

AVANT-PROPOS

Au nombre des difficultés que l'on rencontre dans l'apprentissage d'une langue étrangère, celles qui touchent la capacité de compréhension orale apparaissent aux yeux de bien des gens, apprenants autant qu'enseignants, parmi les plus importantes.

Pour tenter de comprendre comment s'apprend une langue, et plus particulièrement comment s'acquiert une compétence en compréhension orale, il y a beaucoup à puiser dans les recherches passées et récentes menées dans le domaine. C'est ainsi que dans la première partie de cet ouvrage (chapitre 1), intitulée « Un coup d'œil rétrospectif », nous passerons en revue la place qu'a occupée la compréhension orale dans trois grands courants qui regroupent un bon nombre d'approches ou de méthodes. Plus précisément, il s'agit des courants *intégré*, *linguistique* et *psychologique*, tels que décrits par Germain (1993).

Les chapitres 2 à 5 constituent la partie centrale de l'ouvrage. Nous appuyant, de façon critique certes, sur une abondante bibliographie disponible actuellement (et à laquelle nous renvoyons le lecteur intéressé), nous avons tenté d'élaborer un « Essai de synthèse » sur les recherches en compréhension orale en langues maternelle et étrangère. Notons que ces études se subdivisent en trois grands axes : les processus (chapitres 2 et 3), les caractéristiques des interlocuteurs (chapitre 4), et les caractéristiques textuelles (chapitre 5).

Concernant les recherches sur le processus, nous présenterons une réflexion sur les modèles de compréhension orale ainsi que sur les stratégies. Le chapitre 4 traite des caractéristiques des interlocuteurs, qui jouent sans conteste un rôle critique dans la façon dont les échanges langagiers se déroulent ou sont compris. Les caractéristiques textuelles, que nous abordons ensuite, portent sur des aspects comme le débit, les pauses, les hésitations, le décodage auditif, les modifications morphologiques et syntaxiques, les types de textes et les tâches.

C'est avec le chapitre 6, intitulé « Les interventions pédagogiques », que nous terminerons cette deuxième partie. Dans ce chapitre, nous présenterons d'abord quelques activités qui s'inscrivent dans l'acquisition d'une compétence en compréhension orale. Sous forme de résumé, nous dirons également quelques mots des nouvelles technologies et de leur valeur au regard de l'apprentissage de la compréhension orale.

À l'heure actuelle, comme nous le soulignons dans la troisième partie de l'ouvrage, il n'existe pas de définition parfaite de la compréhension orale. Peut-on vraiment corriger cette lacune ? Sur le plan pédagogique, il faut aussi admettre qu'il reste plusieurs questions dont la solution demande encore des études plus approfondies et des expériences en classe plus poussées. Ce sont là quelques tendances que nous esquisserons, en guise de prospective.

TERMINOLOGIE

Comme toute discipline, les études sur la compréhension orale posent des problèmes terminologiques. Les emprunts aux théories de l'acquisition du langage, à la linguistique, à la théorie de l'information... et les redéfinitions que différents auteurs ont voulu donner aux termes choisis peuvent rendre le panorama parfois complexe.

Dans cet ouvrage, nous emploierons les termes les plus courants. Précisons néanmoins certains choix. Les termes *habileté* et *capacité* sont utilisés ici dans le même sens et il en est de même de *méthode* et *approche*. Nous avons choisi le terme *apprenant* pour faire référence à tout individu placé dans une situation d'apprentissage. En revanche, le terme *élève* désignera des apprenants au primaire et au secondaire, alors que l'étiquette *étudiant* s'appliquera uniquement aux apprenants à l'université. Le terme *texte* désignera « un énoncé, quel qu'il soit, parlé ou écrit, long ou bref, ancien ou nouveau » (Dubois *et al.*, 1973 ; cité par Deschênes ,1988, p. 19).

Les tableaux qui accompagnent les cinq premiers chapitres devraient faciliter le regroupement et la rétention de certaines données importantes.

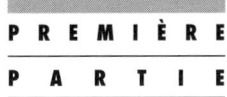

PREMIÈRE PARTIE

COUP D'ŒIL RÉTROSPECTIF

CHAPITRE 1

L'enseignement de la compréhension orale : d'hier à aujourd'hui

La compréhension orale n'a pas toujours occupé le devant de la scène, comme on peut le constater à travers l'histoire de l'enseignement des langues. Depuis une vingtaine d'années, pourtant, on commence à lui accorder une certaine importance. Aucune approche ne se développe en vase clos et l'actuelle pédagogie de la compréhension orale est l'aboutissement d'une histoire que nous voudrions esquisser à grands traits, en ce début d'ouvrage, en rappelant au passage les travaux marquants qui, depuis une cinquantaine d'années, ont conduit à placer cette habileté au centre du processus de l'apprentissage des langues.

On a qualifié le XXe siècle d'« ère scientifique » de la didactique des langues étrangères (Germain, 1993). C'est en effet dans les années cinquante que les chercheurs et les didacticiens ont tenté de donner des fondements scientifiques à l'enseignement des langues. Comme fil conducteur, Germain distingue trois grands courants : un courant *intégré*, un courant *linguistique* et un courant *psychologique*. Un bref retour sur ces grandes étapes permettra d'éclairer notre démarche.

LE COURANT INTÉGRÉ

Le courant *intégré* regroupe les méthodes ou approches qui accordent une égale importance à la nature de la langue et à la conception de l'apprentissage. La méthode audio-orale ainsi que la méthode SGAV (structuro-globale audiovisuelle) font partie du courant *intégré*. Jetons un coup d'œil sur ces méthodes et sur l'importance qu'elles accordent à la compréhension orale.

La méthode audio-orale

En 1965, la méthode audio-orale domine déjà depuis une bonne dizaine d'années aux États-Unis. Cette nouvelle orientation, qui va remplacer l'approche grammaire-traduction et qui sera par la suite étendue à l'enseignement général des langues, répond aux besoins de l'armée américaine pour donner une formation rapide et efficace en langues étrangères à ses militaires en les amenant à communiquer dans une langue étrangère. Les bases théoriques de l'approche reposent sur le modèle structuraliste de Bloomfield associé aux théories béhavioristes sur le conditionnement. De fait, l'apprentissage d'une langue devient un processus mécanique où l'apprenant acquiert un ensemble de structures linguistiques au moyen d'exercices qui favorisent la création d'habitudes ou d'automatismes. Même si la priorité est accordée à l'oral, il ne s'agit ni plus ni moins que d'imiter, de manipuler des modèles non situationnels fournis par l'enseignant ou enregistrés sur bande magnétique, en évitant autant que possible l'erreur de prononciation ou l'erreur grammaticale. Les exercices de conversation qui suivent les exercices structuraux ont pour but la réutilisation des structures apprises.

Il en ressort que ces manipulations de formes, conformément à des consignes grammaticales strictes et à un vocabulaire plutôt limité, ne sont pas des conditions propices à un véritable apprentissage de la compréhension orale. Germain soulève le problème du « transfert », ou plutôt de « l'absence du transfert, hors de la salle de classe, de ce qui avait été acquis en classe ». L'apprenant comprend et répond de façon automatique et n'est pas en mesure d'utiliser de façon spontanée ses acquis. Il s'attend, par exemple, à la question : « Qu'est-ce que tu as fait hier soir ? », à laquelle il va répondre : « Hier soir, j'ai regardé la télévision » (exemple donné par Germain, p. 147). Si la question s'écarte même très légèrement du modèle, il y a de fortes chances que l'apprenant ne la comprenne pas et ne soit pas en mesure d'y répondre.

Et Chomsky vint... On parle souvent de « révolution chomskyenne » pour caractériser des travaux qui sont venus bouleverser quelque peu le paysage serein de la linguistique structurale et ont contribué, par ricochet, à faire diminuer l'enthousiasme des partisans de la méthode audio-orale. Dans *Structures syntaxiques* (*Syntactic Structures*, 1957), Chomsky s'attaque en effet à l'aspect taxinomique de la linguistique structurale de l'époque en lui reprochant de négliger l'importance du sens. La linguistique structurale américaine ne permettait pas, par exemple, de rendre compte de l'ambiguïté d'un énoncé comme « Les invités entendaient le bruit de la fenêtre », qui se traduit par deux structures profondes : « Les invités entendaient le bruit que faisait la fenêtre », et « Les invités entendaient le bruit et ils se trouvaient à la fenêtre ».

S'opposant à l'ouvrage *Verbal Behaviour* de Skinner, paru en 1957, Chomsky (1959) refuse l'explication « mécaniste » de l'apprentissage des langues. Pour lui, tous les êtres humains possèdent une faculté de langage, une connaissance des principes de la grammaire universelle et, à partir des phrases entendues autour de lui, l'enfant construit les règles de sa langue. Comme le soulignent les rédacteurs de l'ouvrage *Comprehension-Based Second Language Teaching/L'Enseignement des langues secondes axé sur la compréhension* (1992, p. 8), « ce sont les premiers traités linguistiques de Chomsky (1957 ; 1965) qui ont amorcé la reconnaissance du sens dans l'enseignement-apprentissage des langues... Cette théorie souligne l'importance, pour l'acquisition d'une langue, de l'accès à des passages de discours significatifs. » Et c'est cette priorité conférée au sens qui va permettre de jeter des bases en vue de reconnaître l'importance de la compréhension.

La méthode SGAV

C'est à Guberina, de l'Institut de phonétique de l'université de Zagreb en ex-Yougoslavie, que revient le mérite d'avoir proposé en 1953 les premières formulations théoriques de l'approche structuro-globale audiovisuelle, que l'on appelle également approche SGAV. Guberina (1965), en s'appuyant sur la théorie de la Gestalt, présente la langue comme un instrument de communication dont l'apprentissage doit porter sur la compréhension du sens global de la structure, les éléments « audio » et « visuel » facilitant cet apprentissage. *Voix et images de France (VIF)* (Guberina et Rivenc, 1962) est une mise en pratique des principes de l'approche.

Chacune des leçons de *VIF* comprend quatre grandes parties, ou « moments de la classe de langue », auxquelles sont rattachées des activités pédagogiques :

1. La présentation du dialogue enregistré accompagné de films fixes où l'on présente des situations. Les apprenants répètent et mémorisent ensuite chacun des énoncés composant le dialogue.
2. La réutilisation des éléments appris dans des contextes légèrement différents du contexte de départ.
3. L'appropriation de structures grammaticales présentées au cours de la leçon, sous la forme d'exercices structuraux au laboratoire de langue.
4. La transposition, où les apprenants s'exercent à réutiliser le vocabulaire et les structures par l'intermédiaire de conversations dirigées ou libres, de constructions de dialogues en partant d'un récit, etc.

Même si l'enseignant pose fréquemment des questions et que les exercices de compréhension orale sont nombreux, surtout durant la première partie de la leçon, la reproduction du modèle (le dialogue de départ), l'imitation juste de l'intonation et du rythme priment sur la compréhension du message. Comme le souligne Germain, ces dialogues de départ « épurés » qui constituent en quelque sorte le pivot de chaque leçon ne répondent pas au besoin de communication véritable des apprenants et, en particulier, ils ne les préparent pas à comprendre les locuteurs natifs s'exprimant entre eux.

LE COURANT LINGUISTIQUE

Le courant *linguistique* regroupe des approches ou méthodes centrées sur la nature de la langue, comme la méthode situationnelle ou l'approche communicative. Quelles sont leurs caractéristiques et quelles contributions ont-elles apportées au domaine de la compréhension ?

La méthode situationnelle

Ce sont les linguistes appliqués britanniques Palmer et Hornby qui ont jeté les bases de la méthode orale ou situationnelle durant les années 1920 à 1930. Cette méthode est encore utilisée aujourd'hui pour l'enseignement de l'anglais langue étrangère dans certains milieux scolaires. L'approche, qui s'insère dans le cadre du structuralisme linguistique britannique, met l'accent sur l'oral et sur la structure syntaxique considérée « comme le cœur même de la langue orale » (Germain, p. 191). De façon plus concrète, les structures syntaxiques orales sont utilisées en situation, « situation » qui ne renvoie pas « à un critère de sélection du contenu à présenter, mais à un mode de pratique des structures orales, à l'aide d'images, de gestes, d'objets, etc. » (Germain, p. 192). Par ailleurs, la formation d'habitudes, d'automatismes est essentielle à l'apprentissage de la langue étrangère et, à cet effet, on utilise des techniques comme la répétition et les exercices structuraux. En début d'apprentissage, le rôle de l'apprenant se borne à écouter et à répéter ce que dit l'enseignant. En d'autres mots, l'écoute (même s'il ne s'agit pas vraiment d'apprendre à comprendre) est une étape obligée avant la production.

En définitive, l'approche situationnelle est le résultat d'un amalgame entre une constatation linguistique (une langue est composée d'un ensemble de structures) et une explication psycholinguistique dérivée d'une conception béhavioriste (l'apprentissage d'une langue exige l'acquisition d'un nouveau système d'habitudes). Certes, la priorité est accordée à l'oral, mais tout se passe en excluant la dimension cognitive du langage. C'est un modèle d'apprentissage que l'on remet en cause, comme nous allons le voir dans les lignes suivantes.

L'approche communicative

D'après Germain (1993), qui cite Richards et Rodgers (1986), les origines de l'approche communicative s'expliquent par la remise en question de certains principes de l'approche situationnelle vers la fin des années soixante. Les travaux de Hymes, aux États-Unis (« On communicative competence », 1971), ainsi que ceux d'un groupe d'experts du Conseil de l'Europe (*The Threshold Level* in a *Europan Unit*, 1975, Van Ek ; *Un niveau-seuil*, 1976, Coste *et al.*) vont conduire à repenser la didactique des langues en la faisant reposer sur le principe selon lequel la langue est un instrument de communication et surtout d'interaction sociale. Dans cette perspective, savoir communiquer signifierait préparer l'apprenant aux échanges avec des locuteurs natifs, par exemple pouvoir interpréter la signification d'énoncés par rapport à la situation de communication (intention, statut, rang social de l'interlocuteur, etc.). Il ne suffit donc plus de connaître les aspects spécifiquement linguistiques (sons, structures, lexique, etc.) d'une langue étrangère pour communiquer efficacement, il faut aussi en connaître les règles d'emploi.

Les contenus à enseigner, en favorisant les documents authentiques, doivent être déterminés en fonction des besoins des apprenants et non plus selon un ensemble de structures linguistiques. Les concepteurs de matériel pédagogique suggèrent que les activités soient nombreuses et variées, en favorisant l'expression libre, les échanges, le besoin réel de savoir, la rétroaction, etc. Il s'agit de rendre l'apprenant actif dans la négociation du sens et en grande partie responsable de son apprentissage.

On ne corrige plus de manière intempestive la moindre faute. L'erreur est inévitable, puisque l'apprenant construit un *système préalable* qui s'appuierait, d'après les recherches récentes, à la fois sur la langue maternelle et sur les possibilités de saisie des formes de la langue cible. À cet égard, on consultera l'excellente synthèse donnée par Giacobbe (1992) sur la polémique concernant l'influence de la langue maternelle dans l'acquisition des langues étrangères.

Avec l'approche communicative, nous pouvons suivre l'avancée progressive et la mise à l'épreuve de différentes idées, comme le rôle actif de l'apprenant dans sa quête de communication réelle, la langue vue comme un instrument d'interaction sociale, etc. Réflexions qui ne sont pas sans incidences sur l'orientation actuelle de la didactique des langues et, par ricochet, sur les remises en question qui sont à la source des changements dans le domaine de la compréhension orale où l'apprenant devient un communicateur, un partenaire dans la négociation du sens ou du message communiqué.

LE COURANT PSYCHOLOGIQUE

Le courant d'orientation *psychologique* regroupe les méthodes ou approches qui se fondent sur une théorie psychologique de l'apprentissage. Notons que la méthode communautaire de Curran, la méthode par le silence de Gattegno, l'approche naturelle de Krashen-Terrell, la méthode par le mouvement de Asher, la méthode suggestopédique de Lozanov et l'approche axée sur la compréhension s'insèrent dans ce troisième courant. À des degrés divers, toutes ces méthodes ou approches accordent une importance à la compréhension orale. Comme il serait beaucoup trop long d'exposer chacune ici en détail, nous nous bornerons à présenter les lignes de force de deux d'entre elles, l'approche naturelle proposée par Krashen-Terrell et l'approche axée sur la compréhension, prônée par Asher et mise en application depuis 1986 à l'Université d'Ottawa.

L'approche naturelle

L'approche naturelle (*The Natural Approach*, 1983) est le fruit de la collaboration d'un professeur de langue espagnole, Tracy Terrell, et d'un chercheur, Stephen Krashen. Le but de la méthode, destinée à des débutants, est de placer la compréhension au premier plan. Les habiletés réceptives sont ici envisagées comme préalables à la production : « L'acquisition d'une langue étrangère [...] serait analogue à la façon dont l'enfant acquiert sa L1, de façon naturelle » (Germain, 1993, p. 247).

La conception de l'apprentissage-acquisition d'une langue étrangère repose sur les cinq hypothèses bien connues de Krashen (1981 ; 1982) : 1) l'intrant compréhensible (*comprehensible input*) ; 2) le modèle du moniteur ; 3) la notion de filtre affectif ; 4) la distinction catégorique entre apprentissage et acquisition ; et 5) l'existence d'un ordre naturel d'acquisition.

En ce qui concerne le matériel didactique, il doit répondre aux besoins et aux intérêts des apprenants et, à cet effet, on encourage le recours à des documents authentiques provenant des médias (journaux, revues, enregistrements d'émissions de radio et de télévision). Ce matériel est utilisé dans un maximum d'activités de compréhension en mettant l'accent sur le vocabulaire.

On s'est élevé contre les hypothèses énoncées par Krashen, en les considérant comme des simplifications trop hâtives qui posent d'importants problèmes théoriques et expérimentaux (Bibeau, 1983 ; McLaughlin, 1987 ; Gaonac'h, 1987 ; Ellis, 1992). Mais il faut avouer que ce défaut avait pour contrepartie une qualité précieuse que l'on reconnaît aujourd'hui à Krashen, celle d'avoir dynamisé la compréhension, de lui avoir ouvert une voie dans laquelle elle est aujourd'hui résolument engagée.

L'approche axée sur la compréhension

Examinons à présent l'approche axée sur la compréhension en précisant d'abord sa filiation et ensuite ses caractéristiques. Enfin, sur le plan des applications pratiques, nous donnerons un aperçu du programme des cours axés sur les habiletés réceptives à l'Université d'Ottawa.

Comme le souligne Germain (1993), les pionniers de l'approche axée sur la compréhension sont nombreux, à commencer par Palmer qui, dès 1917, favorise une démarche allant de la compréhension à la production. Dans l'approche conçue par Asher (1965), désignée sous le nom de « méthode par le mouvement » (*total physical response method*), on porte également une grande attention à la compréhension, à l'écoute, même si le but ultime reste la production orale. Ainsi, l'apprenant, en début d'apprentissage, exécute des ordres donnés par le professeur et, si un ordre (par exemple : « Venez ici ») est compris, il est alors raisonnable de penser qu'il sera correctement exécuté.

Comme nous l'avons vu, les travaux de Krashen ont continué à faire avancer la réflexion sur le sujet en laissant supposer que la compréhension (orale et écrite) est la compétence fondamentale en apprentissage des langues. L'arrivée en force de la psychologie cognitive, à la fin des années soixante-dix et dans les années quatre-vingt, qui définit la compréhension comme la première étape de l'apprentissage (LeBlanc *et al.,* 1992), a contribué à donner à cette habileté son statut de préoccupation première dans le domaine des langues étrangères. Dans la deuxième partie du présent ouvrage, nous aurons l'occasion de préciser les contributions de la psychologie cognitive à l'enseignement des langues, en particulier en ce qui a trait à la théorie du traitement de l'information, à la théorie des schèmes et à la dimension stratégique.

Quelles sont les caractéristiques essentielles de cette approche ? Dans la perspective d'une approche axée sur la compréhension, il est clair que l'apprentissage d'une langue se fait à travers un modèle didactique où l'on envisage les habiletés réceptives comme préalables à la production. Par ailleurs, enseigner une langue ne consiste plus à faire acquérir des automatismes mais, au contraire, à préparer l'apprenant à comprendre des textes oraux ou écrits, l'accent portant davantage sur la signification que sur les formes linguistiques. Il importe aussi de préciser que cette approche accorde une attention toute spéciale à l'individu (ses intérêts, ses besoins) qui joue un rôle de premier plan dans son apprentissage. Le bon apprenant est celui qui sait mettre en œuvre des stratégies pour gérer efficacement son apprentissage, tout en essayant de résoudre certaines difficultés inhérentes à des tâches pédagogiques.

Voici maintenant quelques mots au sujet des cours axés sur les habiletés réceptives qui se sont tenus à l'Université d'Ottawa, et les conditions particulières qui ont favorisé la mise en œuvre de cette approche. Les exigences de langue imposées en 1986 aux étudiants des facultés des arts et des sciences sociales ont été définies en termes d'habiletés réceptives. À titre d'exemple, un étudiant anglophone débutant, ne possédant aucune connaissance préalable en français, devait suivre quatre demi-cours de français d'une durée de 60 heures chacun et, pour passer d'un niveau à l'autre, il devait réussir à la fin de chaque demi-cours un test de fin de niveau en compréhension orale et écrite. Pour permettre aux apprenants d'atteindre ces objectifs, un programme d'études basé sur les habiletés réceptives, fonctionnant à partir de trois ensembles d'objectifs (linguistiques, stratégiques et culturels), a été mis sur pied par un groupe de professeurs de l'Institut des langues secondes de l'Université d'Ottawa. Pour toute information additionnelle concernant ce programme, on pourra consulter Cornaire et Tréville (1992).

Pour ce qui est des interventions pédagogiques, « la contextualisation des contenus langagiers doit apparaître au tout premier plan » (LeBlanc *et al.*, 1992). Pourquoi le contexte est-il de première importance en compréhension ? Quels rapports existe-t-il entre le sens et le contexte ? Dans une approche axée sur la compréhension, Germain (1986, p. 33) précise que les mots possèdent d'abord un sens de base, tel qu'il apparaît dans les dictionnaires. À ce sens de base, il faut ajouter un sens contextuel, tel que précisé par l'entourage linguistique où figure le mot. Ainsi, le mot « note » prend un sens différent selon l'environnement linguistique dans lequel il s'insère : « Quelles sont les notes de la gamme ? » ; « Prête-moi tes notes de cours. » Le sens de base et le sens contextuel peuvent être à leur tour teintés d'un sens situationnel. Ainsi, la phrase « Quelles sont les notes de la gamme ? » prend une valeur différente si elle est prononcée dans le cadre d'un cours de musique ou bien s'il s'agit d'un message codé, comme ceux que la *BBC* diffusait durant la dernière guerre.

Pour Ellis et Roberts (1987), l'apprenant doit reconnaître trois types de contextes : un contexte linguistique (l'environnement verbal d'un énoncé), un contexte situationnel (les cadres spatial et temporel, les participants, etc.) et un contexte interactionnel qui se crée durant les échanges verbaux. Comme l'a souligné Brown (1987), le plus profond bouleversement des années soixante-dix en matière d'enseignement des langues a été de montrer que le contexte joue un rôle important en compréhension orale. En effet, comprendre des mots ou des phrases isolés est une tâche bien difficile et qui n'apporte que bien peu de résultats. Kramsch (1992) va encore plus loin en redéfinissant la compréhension en fonction du contexte, un outil essentiel permettant d'atteindre le sens. Suivant l'analyse de Kramsch, « la compréhension en salle de classe est basée sur la capacité des participants à définir, à construire et à manipuler un contexte d'interaction commun » (p. 69).

En partant de l'exemple d'une classe d'allemand au Cameroun, où le maître essaie d'engager une cinquantaine d'élèves dans un dialogue en allemand sur le thème de la leçon, Kramsch (1992) décrit tour à tour cinq cadres d'interaction à la conduite du discours : un cadre *institutionnel*, un cadre d'*instruction*, un cadre de *collaboration*, un cadre de *solidarité culturelle* et enfin un cadre d'*identification* à la culture étrangère. Nous renvoyons le lecteur à cette analyse qui met en évidence le fait qu'une pédagogie axée sur la compréhension a pour objectifs non seulement les négociations individuelles et locales, mais le rapprochement de deux mondes de représentations et de leurs contextes de présentation à travers un discours étranger.

Après ces quelques réflexions sur le rôle essentiel joué par le contexte, nous aimerions clore ce volet en rapportant les résultats d'une étude sur le niveau de satisfaction démontré par 325 étudiants inscrits aux cours de compréhension de l'Institut des langues secondes de l'Université d'Ottawa (Compain *et al.* 1995). Cette étude quantitative et qualitative, effectuée en 1990 à la fin de la première étape de l'implantation de l'approche, indique un niveau de satisfaction assez élevé de la part des étudiants, à l'exception de quelques zones de mécontentement telle la place de la grammaire et de la production orale, critiques dont on a quelque peu tenu compte par la suite. De façon plus précise, les étudiants de niveau avancé auraient souhaité que la grammaire fasse l'objet d'un enseignement plus systématique, afin d'améliorer leur compréhension. Si les étudiants débutants ont été assez satisfaits de l'absence de production orale, les étudiants de niveau plus avancé ont ressenti le besoin de pouvoir s'exprimer davantage. Comme le soulignent, à juste titre, les rédacteurs dans l'introduction de l'ouvrage intitulé *Comprehension-Based Second Langage Teaching/L'Enseignement des langues secondes axé sur la compréhension* (1992, Les Presses de l'Université d'Ottawa), « comment convaincre des élèves habitués aux approches axées sur la production du bien-fondé d'une méthode qui se fonde sur la compréhension et laisse à plus tard la production ? Il s'agit là d'un problème critique, surtout avec les apprenants adultes qui arrivent en classe de L2 avec des idées bien arrêtées sur la façon dont s'apprend une langue » (p. 9).

En tant que professeur, nous pensons que le succès de l'approche dépend en grande partie du temps et de l'effort que l'enseignant voudra consacrer à la préparation d'un programme. Une attitude positive vis-à-vis de cours axés sur la compréhension passe sans nul doute par l'élaboration d'une pédagogie active et interactive qui favorise chez l'apprenant l'intégration de connaissances nouvelles, facilite l'acquisition d'automatismes et crée des liens entre les aspects cognitif et affectif de l'apprentissage de la langue. À cet égard, les technologies nouvelles pourraient devenir des alliées en motivant davantage l'apprenant et en faisant de lui un intervenant actif prêt à prendre en charge son apprentissage.

Dans ce premier chapitre, nous avons voulu présenter quelques grandes approches ou méthodes qui s'insèrent dans trois grands courants, les courants intégré, linguistique et psychologique, selon l'analyse donnée par Germain. Notre but était de dégager les liens entre ces approches et l'habileté de compréhension orale. Chemin faisant, nous avons constaté que maintes initiatives théoriques ou pratiques, tels les hypothèses de Krashen, les études menées par les cognitivistes et les travaux sur le contexte, ou encore le mouvement vers la mise en œuvre d'approches axées sur la compréhension, ont fait avancer, parfois de façon considérable, la cause de la compréhension, une habileté qui est maintenant perçue par de nombreux chercheurs et didacticiens comme une voie obligée pour l'apprentissage des langues étrangères. L'expérience conduite à l'Université d'Ottawa en est déjà un premier témoignage (Corbeil et Thérien, 1992 ; Courchêne, 1992 ; Paribakht et Raymond, 1992).

Mais qu'en est-il des recherches menées dans le domaine de la compréhension orale ? Les vérifications empiriques nous permettent-elles d'apprécier la juste valeur de l'approche axée sur la compréhension ? La deuxième partie du présent ouvrage, qui se subdivise en trois grands axes — les recherches sur le processus (chapitres 2 et 3), les recherches sur les locuteurs (chapitre 4) et les recherches sur les textes (chapitre 5) —, devrait nous fournir certains éléments de réponse.

TABLEAU 1

Les grands courants de l'apprentissage de la compréhension orale

Courants	Méthodes	Relations avec l'apprentissage de la compréhension orale
Courant *intégré*	Méthode audio-orale Méthode SGAV	• Priorité accordée à l'oral *mais* pratiques orientées vers la structure, l'automatisme, l'imitation.
Courant *linguistique*	Méthode situationnelle Approche communicative	• Priorité accordée à l'oral *mais* pratiques orientées vers la structure, l'automatisme, l'imitation. • Langue : instrument d'interaction sociale ; pratiques orientées vers les échanges réels et la négociation du sens. La compréhension devient importante.
Courant *psychologique*	Approche naturelle Approches axées sur la compréhension	• Habiletés réceptives préalables à la production ; pratiques orientées vers la compréhension. • Compréhension : première étape de l'apprentissage ; accent mis sur l'apprenant et le processus d'apprentissage.

DEUXIÈME PARTIE

ESSAI
DE SYNTHÈSE

CHAPITRE 2

Les modèles de compréhension orale

Dans le présent chapitre, nous nous proposons d'examiner quelques modèles de compréhension orale en langues maternelle et étrangère, parmi les plus connus. Ces modèles du processus sont des constructions théoriques qui tentent d'expliquer comment le sujet construit la signification globale d'un texte. On sait que l'une des qualités demandées à un modèle est son pouvoir de généralisation : il doit pouvoir s'appliquer à de nouvelles données qui permettront justement d'en tester la capacité.

Avant de présenter quelques modèles en langue maternelle et en langue étrangère, ainsi que quelques tentatives de validation de modèles, il apparaît opportun de rappeler les contributions de différentes disciplines et théories au domaine de la compréhension orale, de manière à mieux situer ces modèles dans leur contexte.

LES CONTRIBUTIONS AU DOMAINE DE LA COMPRÉHENSION

Ce que l'on sait des mécanismes de la compréhension provient en grande partie des recherches menées en langue maternelle, surtout en anglais. Witkin (1990) souligne que les nombreux modèles de compréhension orale élaborés depuis une quarantaine d'années sont redevables aux travaux menés par les cognitivistes et autres chercheurs qui se sont penchés sur le phénomène de l'attention et du décodage auditif, le mode d'organisation de la mémoire, les qualités de l'auditeur, le rôle joué par les connaissances antérieures. Étant donné l'objectif du présent ouvrage, nous n'examinerons pas ces travaux en détail, mais nous nous contenterons d'en esquisser quelques caractéristiques essentielles en nous appuyant sur la synthèse élaborée par Witkin.

Les travaux sur l'attention (Oakland et Williams, 1971 ; cités par Witkin, p. 12) et la mémoire (Sanders 1977 ; Bostrom et Waldhart 1988 ; cités par Witkin, p. 14) constituent des apports précieux dans le domaine des habiletés réceptives où le rôle actif de la pensée est mis en valeur. Ainsi, les études sur l'attention ont porté sur l'habileté de l'auditeur à reconnaître les différents sons d'une chaîne sonore. Les premiers modèles élaborés se fondaient sur le principe que la signification se construisait à partir de l'encodage de ces unités de base alors que l'on sait aujourd'hui que le bon auditeur n'a pas besoin de faire attention à chacun des sons pour décoder un message.

Le mode d'organisation de la mémoire et son fonctionnement dans les activités de traitement de l'information ont également intéressé ces chercheurs qui ont proposé différents modèles à deux ou trois niveaux (mémoire à court terme et à long terme/réserve sensorielle, mémoire à court terme et à long terme).

Les travaux en thérapie de la communication au moyen d'observations portant sur l'écoute empathique (*empathic listening*), l'engagement mutuel (*mutual engagement*), la rétroaction (*feedback*) et les concepts d'authenticité et de présence dans les échanges (*genuineness* et *presentness*) constituent également un apport non négligeable (Thomlison, 1987 ; cité par Witkin, p. 18). En d'autres termes, le bon auditeur est celui qui sait écouter, se mettre en harmonie avec son interlocuteur. Il est « présent » à chaque instant et, à l'occasion, réagit aux propos qui lui sont tenus.

Enfin, les modèles européens du traitement de l'information (*message processing*) (van Dijk et Kintsch, 1983 ; Dollaghan, 1987 ; cités par Witkin, p. 18), qui prennent en compte les connaissances antérieures, la théorie des schèmes, le rôle des stratégies, etc., revêtent aujourd'hui une importance particulière étant donné l'intérêt que l'on porte aux processus d'encodage, de rétention et de restitution de l'information, que ce soit lors d'une activité de compréhension ou de toute autre activité de communication.

En guise de conclusion à la présentation de ces études, Witkin s'arrête sur la question de leur validation : dans quelle mesure ont-elles été validées par des expériences menées sur le terrain ? On observe souvent une situation de déséquilibre où le discours spéculatif est abondant et les vérifications expérimentales plus rares. Par ailleurs, la présence d'appareillages complexes et de données chiffrées (comme c'est souvent le cas dans les expériences faites en laboratoire, par exemple pour le décodage auditif) ne nous assure pas toujours de la vérité.

LES MODÈLES EN LANGUE MATERNELLE

La classification de Wolvin

Les tentatives de classification des modèles sont nombreuses. Ainsi, Wolvin (1986), qui a analysé douze modèles du processus de compréhension orale élaborés durant les années soixante à quatre-vingt, les regroupe en fonction de leur niveau de complexité. Ces modèles, qui pour la plupart n'ont pas été validés, vont du simple diagramme où l'on incorpore quelques grandes variables à des constructions assez complexes qui tentent d'inclure les nombreux éléments qui sous-tendent l'activité cognitive de compréhension.

Le modèle de Mills (1974), intitulé « Master » (un acronyme), se rangerait dans la catégorie des modèles simples. En effet, ce modèle comprend seulement six grandes variables qui rendraient compte du fonctionnement d'un auditeur accompli (*a master listener*). Voyons rapidement la description que nous en donne Wolvin.

La première étape est une sorte de préparation mentale à l'activité d'écoute : le sujet prend la décision (*mental decision*) de se concentrer sur le message et de réagir activement à l'information qu'il va recevoir (*active response*) tout en maintenant un bon niveau d'attention (*sustaining attention*). Il est évident que pour atteindre son but (*listening target*), il lui faudra éliminer autant que possible tous les obstacles qui pourraient se présenter (*eliminating barriers*). En bref, il s'agit d'un sujet disposé à retenir l'information (*remember*) véhiculée par le message. Comme l'indique Wolvin, ce modèle, un peu trop simple, ne favorise pas vraiment la saisie de cette activité complexe aux multiples facettes qu'est la compréhension. En guise de modèles plus complets, il nous propose alors ceux de Barker (1971) et de Lundsteen (1979). À titre d'exemple, jetons un coup d'œil sur ce dernier modèle décrit par Wolvin.

Pour Lundsteen, la compréhension est un processus au cours duquel la parole devient signification. Quelles sont les étapes qu'un bon auditeur doit suivre pour atteindre son but ? L'auditeur doit d'abord reconnaître les sons, les regrouper en délimitant des unités qu'il va conserver en mémoire sous forme d'images qui seront examinées, comparées et testées par rapport aux expériences passées. Durant cette étape, l'auditeur peut également demander des clarifications au locuteur. Si le test est concluant — en d'autres termes, si les images sont reliées aux expériences passées —, l'auditeur recode alors le message pour analyser les unités auxquelles il va attribuer un sens. Dans le cas contraire, l'auditeur doit retourner aux premières impressions auditives en procédant à un examen plus approfondi de ces premières données. Au cours de la troisième et dernière étape, l'auditeur interprète, en quelque sorte, le sens du message et procède à l'inférence (*thinking beyond listening*).

Ce modèle, qui date de la fin des années soixante-dix, est intéressant parce qu'il contient déjà, à l'état embryonnaire, les grandes étapes du traitement de l'information que l'on retrouvera dans la plupart des modèles qui seront élaborés par la suite. Toutefois, dans ce type de modèle, l'auditeur doit obligatoirement respecter l'ordre des étapes. Il s'agit d'un modèle unidirectionnel qui ne correspond plus aux descriptions que l'on donne aujourd'hui du processus de compréhension.

La classification de Rost

Rost (1990), quant à lui, regroupe les modèles de compréhension orale en deux grands types : les modèles descriptifs, où l'accent est mis sur les compétences linguistiques nécessaires au traitement de l'information, et les modèles séquentiels, plus limités, qui proposent des étapes très marquées de la prise d'information par le sujet. Les modèles de Demyankov, de Clark et Clark, et de Goss sont des illustrations de ces deux grands types. Le modèle de compréhension proposé par Demyankov (1983 ; décrit par Rost, p. 6), et qui appartient à la catégorie des modèles descriptifs, contient les éléments suivants :

1. l'acquisition du cadre linguistique de la langue en question ;
2. la construction et les vérifications des hypothèses durant l'audition du message ;
3. la compréhension des intentions du locuteur ;
4. l'assimilation du contenu du message ;

5. la coordination des motivations entre le locuteur et l'auditeur (ou les auditeurs) afin de maintenir le contact verbal ;
6. la compréhension du ton du message.

À première vue, il est difficile de critiquer un tel modèle qui s'appuie sur des constructions et des vérifications continues d'hypothèses et sur la prise en compte des intentions du locuteur et du ton du message, étant donné que ce sont ces activités cognitives que l'on propose aujourd'hui dans les essais de description de tâches de compréhension. Toutefois, il est clair qu'un modèle linéaire ne rend pas vraiment compte de la démarche mise en œuvre par l'auditeur, qui peut faire des retours en arrière sur certains éléments du message. Par ailleurs, on peut fort bien saisir l'essentiel d'un message sans avoir acquis tout le cadre linguistique d'une langue, de la même façon que l'on peut aussi en arriver à une interprétation plausible d'un texte sans pour autant pouvoir discerner parfaitement l'intention ou le ton du locuteur.

Le modèle de Clark et Clark (1977 ; présenté par Rost, p. 7) peut être perçu comme une tentative de description du fonctionnement de la mémoire, au même titre que le modèle de Lundsteen dont nous avons parlé dans les pages précédentes. D'après Clark et Clark, le traitement de l'information se ferait selon les étapes suivantes :

1. la mémoire à court terme capte l'information sous forme de représentation phonologique ;
2. les éléments phonologiques sont immédiatement fragmentés en constituants possédant un contenu et une fonction ;
3. les constituants serviront ultérieurement à construire une liste ordonnée de propositions représentant le texte ;
4. les propositions viendront remplacer dans la mémoire à court terme les représentations phonologiques, qui seront alors éliminées au fur et à mesure, et l'auditeur ne retiendra finalement que le sens global de chacune des propositions.

Ce modèle, qui illustre les travaux menés dans les domaines de la perception et de la mémoire, présente clairement différentes opérations effectuées au cours d'une tâche de compréhension. Toutefois, le fait qu'il ne tienne pas compte du contexte et des aspects qui peuvent avoir une influence sur la situation de compréhension (environnement, participants, etc.) est l'un des inconvénients du modèle, l'autre étant la description linéaire du processus.

Dans une perspective de traitement de l'information, Goss (1982; cité par Rost, p. 8) a esquissé un modèle qui est similaire à celui de Clark et Clark et qui présente également des étapes très marquées. Brièvement, le modèle met en jeu trois grandes opérations :

1. la segmentation du signal sonore en mots et en énoncés;
2. l'attribution d'un sens aux mots et aux énoncés;
3. l'évaluation du message et son analyse critique à partir d'inférences.

Comme le souligne l'auteur, cette troisième étape sous-entend un niveau de compréhension plus profond qui dépend essentiellement des capacités intellectuelles du sujet. À la différence des modèles que nous venons de présenter, dans celui de Goss, la démarche du sujet peut se dérouler de façon non linéaire lorsque, par exemple, il se concentre plus distinctement sur certaines parties du message qu'il est en train d'écouter. En dépit de sa simplicité, ce modèle, qui date de quelques années déjà, demeure pertinent car il nous laisse entrevoir que la compréhension est un processus non seulement récursif, mais également interactif, entre le message et le locuteur. Ce sont les modèles de ce type que l'on privilégie aujourd'hui, car ils mettent l'accent sur certaines habiletés qu'il est important d'acquérir pour devenir un bon auditeur.

En ce qui concerne la validation de modèles, quelques tentatives ont déjà été faites, sans toutefois apporter de solutions définitives, les processus de compréhension demeurant fort complexes. Tant et aussi longtemps que les chercheurs ne se mettront pas d'accord sur les composantes qui entrent en jeu dans l'activité de compréhension, la situation demeurera inchangée. On voudra bien se rapporter aux synthèses de Wolvin (1986) et de Witkin (1990) pour en savoir plus sur cette question.

LES MODÈLES EN LANGUE ÉTRANGÈRE

Nous nous proposons d'examiner, dans les lignes qui suivent, le modèle de compréhension orale de Nagle et Sanders, le plus connu et le plus complet pour la langue étrangère. Ce modèle, qui date d'une dizaine d'années déjà, incorpore les théories et les analyses de chercheurs en langues maternelle et étrangère. À la suite de cet exposé, nous présenterons un modèle récent de la réception de l'oral. Pour finir, nous rapporterons quelques expériences où l'on tente, en s'appuyant sur un type de modèle, de mieux comprendre le processus de compréhension chez des apprenants de différents niveaux de compétence. Il s'agit en fait de tentatives de validation des modèles verticaux (ascendants et descendants).

Le modèle de Nagle et Sanders

En s'inspirant principalement des travaux d'Atkinson et Shiffrin (1968), Lamendella (1977), Bialystok (1978), Selinker et Lamendella (1978) et McLaughlin *et al.* (1983) sur le traitement de l'information, Nagle et Sanders (1986) ont proposé un modèle du processus de compréhension orale pour des apprenants adultes en anglais langue étrangère. Il s'agit d'un modèle séquentiel, non linéaire, avec des retours en arrière effectués au cours des diverses activités cognitives d'une situation d'écoute.

LES MODÈLES DE COMPRÉHENSION ORALE ■

Quelles sont les grandes composantes de ce modèle ? Comment l'apprenant traite-t-il l'information ? Le registre sensoriel (*sensory register*) — que l'on appelle aussi la réserve sensorielle — capte d'abord les informations sous forme d'images sonores. Une seconde plus tard, environ, ces images sont acheminées vers la mémoire à court terme qui découpe alors le signal en unités significatives (mots, énoncés) en fonction des données et des connaissances contenues dans la mémoire à long terme. Dans certains cas, les images captées par la réserve sensorielle peuvent s'effacer trop rapidement (*trace decay*) — par exemple, s'il s'agit d'un domaine peu familier à l'apprenant —, et la mémoire à court terme est alors incapable d'établir des correspondances entre elles. Les inférences déclenchées par les éléments d'information qui viennent s'ajouter les uns aux autres en situation d'écoute sont également un autre facteur qui peut nuire au bon fonctionnement de la mémoire à court terme. Rapidement surchargée, elle manque de ressources pour attribuer un sens aux mots et aux énoncés perçus. Toutefois, un centre de commande (*executive decision maker* ; initialement proposé par Selinker et Lamendella en 1978), intégré à la mémoire à court terme, veille à la bonne marche des opérations et, en cas de difficulté, facilite le traitement des données qui, au bout d'une vingtaine de secondes, sont transférées dans la mémoire à long terme. De façon plus précise, ce centre de commande est responsable de la mise en œuvre de processus automatisés (*automatic processing*) qui permettent un traitement rapide et efficace de l'information en s'appuyant sur les structures de connaissances contenues dans la mémoire à long terme. Les facteurs affectifs, la difficulté de la tâche, le contexte, la complexité de l'apport langagier sont autant d'éléments qui peuvent à un moment donné inciter l'apprenant à faire un effort supplémentaire d'attention (*arousal*).

La mise en œuvre de processus contrôlés (*controlled processing*) ainsi que l'objectivation constante (*monitoring*) qu'il doit opérer permettent alors à l'apprenant de détecter les difficultés qui se présentent et d'y apporter des solutions. Durant cette activité de gestion, il peut, par exemple, se concentrer sur certains éléments linguistiques, un mot, une forme particulière qui posent certains problèmes, cette réflexion facilitant l'appréhension de l'information par la mémoire à court terme.

La mémoire à long terme, de son côté, contient toutes les connaissances qui se subdivisent en trois catégories : explicites, implicites et autres (*explicit, implicit, other knowledge*). Ces notions sont directement empruntées à Bialystok (1978), selon laquelle les faits de langue (par exemple des règles de grammaire, de prononciation), dont les étudiants sont conscients et qu'ils pourraient éventuellement énoncer, constituent les connaissances explicites. Les connaissances implicites, quant à elles, reposent surtout sur des impressions, même si elles se rapportent également à la langue. Ainsi, après avoir écouté un énoncé, l'apprenant pourra émettre l'opinion suivante : « Il me semble que cette phrase est grammaticalement correcte », sans toutefois pouvoir expliquer pourquoi.

Quels liens existe-t-il entre ces deux catégories de connaissances ? Les connaissances que l'on acquiert en classe, au moyen d'un enseignement explicite (par exemple l'énoncé d'une règle de grammaire accompagné d'exemples qui l'illustrent), deviennent, avec l'usage, implicites. Autrement dit, l'apprentissage des règles syntaxiques et du vocabulaire s'automatise grâce, entre autres, aux activités de la classe et conduit, chemin faisant, à l'acquisition de savoir-faire qui, à leur tour, à l'occasion d'une démarche consciente, peuvent être réévalués par l'apprenant. Pour mieux nous faire comprendre ce raisonnement, Bialystok donne l'exemple du locuteur natif en français qui, naturellement, sans même y penser, met en application les règles qui gouvernent l'ordre des pronoms objets directs ou indirects (par exemple, je le lui donne/il me le donne). Si on lui pose à brûle-pourpoint une question précise sur le fonctionnement de ces pronoms, il y a de fortes chances que ce locuteur doive examiner quelques énoncés illustrant les règles à appliquer, ou tout au moins réfléchir pendant quelques instants pour les inférer. Quant aux autres connaissances (*other knowledge*), elles englobent toute l'expérience d'un individu, ses croyances, en quelque sorte sa théorie du monde.

Selon le modèle de Nagle et Sanders, des fragments d'information (mots, énoncés) sont extraits à différentes reprises du corpus oral et transitent à travers la réserve sensorielle et la mémoire à court terme qui en restituent chaque fois, à la fin du processus, une synthèse (*synthesis*). Ces synthèses sont ensuite dirigées vers le centre de commande qui procède alors à une ultime vérification avant de les transférer dans la mémoire à long terme. C'est ainsi que certaines synthèses, jugées insatisfaisantes, devront subir un second traitement (le sujet devra peut-être réécouter une partie du message pour enrichir les éléments d'information déjà extraits). La compréhension est donc le résultat d'un ensemble de synthèses réussies, c'est-à-dire acceptées par le centre de commande.

Ce modèle, qui illustre des démarches ascendantes (*bottom-up*) et descendantes (*top-down*) durant lesquelles l'apprenant fait appel à l'apport langagier (tâche, contexte, etc.) ainsi qu'à ses connaissances et à son expérience, présente certainement des éléments très valables pour la description de l'activité de compréhension. De la même façon, l'accent mis sur les processus contrôlés, que l'on désigne aujourd'hui sous le nom de stratégies, est d'une importance extrême étant donné que ces dernières sont devenues des concepts clés dans l'enseignement-apprentissage d'une langue étrangère.

La pierre d'achoppement du modèle, l'obstacle contre lequel on bute rapidement, se rapporte principalement à ce centre de commande, ce quatrième niveau de mémoire sur lequel repose une très grande responsabilité, celle du codage de l'information et surtout le transfert des synthèses à la mémoire à long terme. Ne court-circuite-t-il pas d'une certaine façon le rôle de la mémoire à court terme ? Qu'est-ce qui nous permet de croire que ce centre de commande est dissociable de cette dernière ? Dans un autre ordre d'idée, la situation d'écoute donne-t-elle le temps de faire « accepter » toutes les synthèses par le centre de commande, quand on sait à quelle vitesse peut se dérouler le flot d'information ? Autant de questions qui restent encore sans réponse. Quoi qu'il en soit, le modèle de Nagle et Sanders présente un intérêt certain comme synthèse de plusieurs recherches marquantes menées durant une vingtaine d'années dans les domaines de l'acquisition d'une langue étrangère et de la psychologie cognitive.

Il est clair que ces modèles — les formalisations d'opérations qu'un auditeur expert est censé effectuer — demeurent des tentatives pour essayer de mieux cerner le processus de compréhension orale aussi bien en langue maternelle qu'en langue étrangère.

Le modèle de Lhote

À partir de trois fonctions de l'écoute active (*encrage*, *repérage*, *déclenchement*), Lhote (1995), phonéticienne de formation, a élaboré un modèle *paysagiste* de réception de l'oral applicable à la situation d'apprentissage d'une langue étrangère. Voici les caractéristiques essentielles de ce modèle.

Un modèle dit « paysagiste » tient compte de la variété des constituants de l'environnement sonore des échanges verbaux (voix, bruits, rythme, intonation, ton, silences). Chaque langue a ses propres paysages sonores (sons, rythme, intonation) que l'auditeur reconstruit à sa manière à partir d'un ensemble de représentations mentales (ses connaissances générales et particulières). Ainsi, « l'écoute paysagiste correspond à un traitement simultané d'un ensemble d'éléments, analogue à celui opéré par un observateur en haut d'une montagne qui voit et associe d'un coup d'œil circulaire les reliefs enneigés et colorés par le couchant, les villages assombris dans la vallée, le skieur isolé » (p. 53).

Dans l'écoute de la parole, la fonction d'*encrage* pousse l'auditeur à sélectionner et à arrêter son attention sur certains éléments, des mots par exemple. S'il bute sur un mot, le temps d'encrage, durant lequel il procède à des recherches en mémoire, devient alors excessif et limite le travail de repérage. Durant la fonction de *repérage*, l'auditeur fait certaines hypothèses qu'il valide par rapport aux suites sonores (sons, intonation), au sens du message et à ses connaissances emmagasinées en mémoire. Un bon auditeur sait équilibrer les fonctions de repérage et d'encrage. Le *déclenchement*, qui se produit de façon rapide, résulte de la mise en œuvre simultanée des fonctions de repérage et d'encrage. Il se traduit par une compréhension juste ou erronée du message.

Quel est l'intérêt de ce modèle assez simple ? Selon l'auteur, « il réside dans sa souplesse et dans son applicabilité à la situation d'apprentissage de la langue étrangère » (p. 56). En dehors du fait que ce modèle souligne quelques caractéristiques d'un auditeur inexpérimenté qui manque de ressources pour traiter l'information, ou celles d'un auditeur plus habile qui utilise un ensemble d'éléments de niveaux inférieur et supérieur, force est de reconnaître qu'il ne révèle rien de plus que ce que nous ne connaissions déjà sur le processus de la compréhension.

Les tentatives de validation de modèles

Ces dernières années, quelques expériences ont été conduites pour essayer de mieux comprendre comment les auditeurs en langue étrangère construisent la signification d'un texte. Font-ils d'abord appel à leurs connaissances du monde, à certaines compétences situationnelles et relationnelles (selon une démarche descendante) pour utiliser ensuite leurs connaissances linguistiques (selon une démarche ascendante), ou vice versa ? Et de quelle façon ces activités cognitives se combinent-elles ?

Wolff (1987), qui a mené des expériences avec des apprenants en anglais langue étrangère âgés de 12 à 18 ans, de niveaux faux débutant et intermédiaire faible, a montré que les sujets utilisent à la fois les modèles du haut vers le bas et du bas vers le haut lorsque le texte est facile, alors qu'en présence d'un texte difficile ils recourent plus souvent à la démarche descendante.

VanPatten (1989) a tenté d'expliciter la relation qui existe entre un niveau de compétence et les modèles ascendants et descendants. Ce chercheur a travaillé avec des étudiants en espagnol de niveaux débutant, intermédiaire et avancé inscrits à l'université de l'Illinois. Après avoir écouté deux textes, le premier jouant surtout le rôle d'exercice d'échauffement, chaque classe a été soumise à l'une des quatre épreuves suivantes : 1) comprendre le contenu informatif du texte ; 2) comprendre le contenu informatif du texte et repérer les occurrences d'un morphème verbal ; 3) comprendre le contenu informatif du texte et repérer les occurrences d'un article défini (*la*) ; 4) comprendre le contenu informatif du texte et repérer les occurrences du mot clé (*inflación*). Les rappels en anglais suivaient l'écoute et ont été corrigés en se basant sur le concept d'unité de pensée (Carrell, 1985).

Les résultats ont montré qu'en cas de difficultés, surtout pour les niveaux plus faibles, le fait de se concentrer sur la forme affecte de façon négative la compréhension du contenu. Fait intéressant, les étudiants débutants semblent s'appuyer davantage sur les éléments chargés de sens que sur les morphèmes grammaticaux, pour en arriver à une compréhension du texte, utilisant ainsi un modèle descendant. Quant aux étudiants avancés, ils s'appuient également sur le sens, mais ils reconnaissent les frontières entre les mots et isolent donc assez facilement des morphèmes grammaticaux comme *la*. Concrètement, les processus mis en œuvre par les étudiants avancés fonctionnent d'après un modèle interactif, à la fois ascendant et descendant.

VanPatten recommande que les apprenants qui rencontrent des difficultés en compréhension se concentrent d'abord sur le sens, cette démarche étant plus fructueuse que des opérations effectuées à un niveau inférieur, par exemple, le recours à des indices morphologiques ou syntaxiques.

Lund (1991), à la suite d'expériences en allemand, où il comparait des lecteurs et des auditeurs de différents niveaux, a montré que les sujets utilisent également un modèle du haut vers le bas. Ainsi, dans ces expériences, les auditeurs ont essayé de construire un contexte pour pallier certaines difficultés textuelles, ce qui indique que les sujets ont tendance à travailler avec des contraintes d'un degré supérieur, par exemple des connaissances générales et particulières.

Pourtant, si l'on en croit Conrad (1985), qui a travaillé avec des étudiants en anglais à l'université, lorsque le niveau de compétence diminue, les étudiants ont tendance à s'appuyer davantage sur des indices syntaxiques que sémantiques. O'Malley *et al.* (1989), ainsi que Bacon (1992), aboutissent à des conclusions assez semblables, à savoir qu'en présence d'un texte difficile les auditeurs recourent au modèle ascendant en se repliant, en quelque sorte, vers des pratiques plus linéaires.

Comment interpréter ces fluctuations observées dans les résultats ? Il semble bien que les méthodes et instruments d'analyse, différents d'une expérience à l'autre, ont exercé un effet sur les données obtenues. À titre d'exemple, Wolff et VanPatten ont utilisé les rappels pour tester la compréhension alors que Conrad a fait passer des tests lacunaires.

Ces difficultés nous amènent à penser que des efforts d'uniformisation sur le plan des méthodes de recherche se révèlent nécessaires, si l'on veut pouvoir comparer et surtout continuer les recherches amorcées dans ce domaine.

Compte tenu des connaissances actuelles, il n'est guère facile de saisir parfaitement comment l'auditeur parvient presque en même temps à reconnaître les mots, retrouver leur sens, effectuer les regroupements d'informations, etc., tout en maintenant sa vitesse de compréhension. En compréhension de l'écrit, on propose aujourd'hui des modèles d'« activation » et de « désactivation » régulés par un ensemble de procédés (Fayol et Mouchon, 1994, p. 143). Pour résumer, un ensemble de marqueurs (anaphores, ponctuation, connecteurs) indiqueraient au lecteur les traitements à déclencher pour éviter la surcharge cognitive de la mémoire à court terme, c'est-à-dire l'activation ou la désactivation des sens d'un mot, de la forme littérale des énoncés. Il s'agit là d'une hypothèse qui pourrait se révéler intéressante pour la compréhension orale si l'on accepte l'idée que les processus de compréhension orale ou écrite se ressemblent sur plusieurs points (Stevick 1984).

À la suite d'une recension des écrits sur la mémoire, Stevick (1993) a formulé une réflexion qui n'est pas dénuée d'intérêt pour mieux saisir le rôle actif de la pensée au cours des activités de compréhension. Après avoir fait ressortir les principes sur lesquels s'accordent aujourd'hui les spécialistes de la question, voici, réduits à l'essentiel, quelques aspects sur lesquels il attire notre attention.

D'entrée de jeu, Stevick précise que les étiquettes de « mémoire à court terme » et de « mémoire à long terme » évoquent surtout des lieux alors que l'on sait pertinemment qu'il s'agit plutôt d'un état dans lequel se trouvent les informations à un moment donné. Pour éviter ces malentendus, il nous suggère de remplacer ces termes par ceux de « mémoire de travail » et de « ressources disponibles » (*working memory ; existing resources*) qui seraient plus appropriés.

En ce qui concerne la rétention et la récupération de l'information, Stevick réitère l'idée que celle-ci est davantage reconstruite que récupérée et que cette opération (la facilité, l'exactitude et la vitesse de récupération) est fonction de nombreuses variables, dont les indices disponibles et l'état psychologique ou physiologique des individus. C'est donc dire que la récupération varie selon un continuum. Par ailleurs, on sait que les connaissances emmagasinées sont de nature assez diverse (déclaratives, pragmatiques, procédurales) (Stein, 1986). Autrement dit, la mémoire ne ressemble pas à un dictionnaire — ce que l'on a cru pendant longtemps — où l'on retrouverait des entrées lexicales, composées à partir de voyelles et de consonnes, auxquelles on attribuerait un sens.

Stevick insiste également sur le fait que la mémoire de travail et les ressources disponibles fonctionnent en étroite relation, avec des va-et-vient constants entre les deux. En d'autres termes, la démarche de traitement de l'information peut se dérouler et se déroule, le plus souvent, de façon non linéaire.

On peut raisonnablement présumer que les travaux en cours sur la mémoire jetteront une lumière utile sur les essais de description de l'activité mentale durant les tâches de compréhension. Il reste à explorer plus à fond ces voies nouvelles que nous ouvre la recherche afin d'accélérer et de faciliter des tâches qui restent ardues pour l'apprenant.

■ ESSAI DE SYNTHÈSE

TABLEAU 2

Les modèles de compréhension orale

Classification	Exemples et/ou caractéristiques
Les modèles en langue maternelle	
Classification de Wolvin (1986) (regroupement en fonction du niveau de complexité)	**Simple** • Mills (1974) Master — 6 variables — séquentiel **Complexe** • Lundsteen (1979) — tentative de description du fonctionnement de la mémoire — séquentiel
Classification de Rost (1990) (regroupement selon deux grands types : descriptif et séquentiel)	**Descriptif** • Demyankov (1983) — construction et vérification d'hypothèses **Séquentiel** • Clark et Clark (1977) — tentative de description du fonctionnement de la mémoire • Goss (1982) — étapes très marquées *mais* possibilité de récursivité
Les modèles en langue étrangère	
Modèle de Nagle et Sanders (1986) (synthèse de recherches marquantes)	— séquentiel, non linéaire — mise en œuvre de processus automatisés et contrôlés — description du fonctionnement de la mémoire
Modèle de Lhote (1995)	— modèle simple — traitement simultané d'éléments (sons, rythme, intonation, etc.)

Les modèles de compréhension orale

Étude	Langues	Sujets (caractéristiques)	Résultats (construction de la signification)
Les tentatives de validation des modèles			
Wolff (1987)	anglais	adolescents et adultes débutants et intermédiaires	• texte facile : démarche ascendante et descendante • texte difficile : démarche descendante
VanPatten (1989)	espagnol	étudiants adultes différents niveaux	• texte facile : démarche ascendante et descendante pour niveau avancé • texte difficile : démarche descendante pour niveau débutant
Lund (1991)	allemand	auditeurs et lecteurs différents niveaux	• texte difficile : démarche descendante
Conrad (1985)	anglais	adultes	• texte difficile : démarche ascendante lorsque la compétence diminue*

* Résultats semblables obtenus par O'Malley *et al.* (1989) et Bacon (1992).

CHAPITRE 3

Les stratégies d'apprentissage et d'écoute

Si l'un des mérites des modèles est de faire prendre conscience des différents facteurs qui entrent en jeu dans le processus de l'élaboration du sens, il est évident que ces constructions théoriques ne sont pas vraiment en mesure de s'appliquer à l'apprentissage de la compréhension orale. Il faut donc envisager de travailler sur des champs plus circonscrits et donc plus facilement abordables. C'est ce qui a conduit les chercheurs à s'intéresser à des apprentissages plus restreints, plus facilement modélisables, c'est-à-dire à étudier les stratégies qui assurent la réussite dans certaines tâches d'apprentissage. Examiner comment il est possible d'apprendre permet, par extension, de savoir comment enseigner une habileté, dans le cas présent, la compréhension orale.

Avant d'aborder les travaux relatifs aux stratégies d'écoute en langues maternelle et étrangère, nous nous proposons de jeter un regard sur les définitions qui ont été données du mot « stratégie » ainsi que sur les techniques qui ont permis d'éclairer certains aspects de cette notion. Il nous apparaît également utile de dire quelques mots sur les stratégies d'apprentissage du bon apprenant en langue étrangère, ne serait-ce que pour mieux comprendre où se situent les stratégies d'écoute.

■ ESSAI DE SYNTHÈSE

QU'EST-CE QU'UNE STRATÉGIE ?

Différentes étiquettes ont été utilisées pour définir la stratégie d'apprentissage et, parmi celles-ci, nous retrouvons : une technique d'apprentissage, une démarche consciente, un plan d'action en vue de résoudre un problème, une habileté dont on prend conscience, etc. (Hosenfeld, 1981 ; Paris *et al.*, 1983 ; O'Malley *et al.*, 1985 ; Chamot *et al.*, 1988 ; Oxford et Crookall, 1989 ; Cyr, 1996).

Aujourd'hui, on s'entend pour dire que les stratégies d'apprentissage sont des démarches conscientes mises en œuvre par l'apprenant pour faciliter l'acquisition, l'entreposage et la récupération ou la reconstruction de l'information.

LES TECHNIQUES D'OBSERVATION

C'est à partir d'expériences, de tentatives d'expression ou de compréhension *in vivo* (observations, entrevues, réflexions à haute voix) que les chercheurs ont observé certaines stratégies mises en œuvre par les apprenants. Notons que la technique de la réflexion à haute voix (*think aloud*), qui aurait été popularisée par Hosenfeld (1976), est souvent choisie pour mieux comprendre la nature, la richesse et la complexité des échanges qui s'instaurent entre les apprenants et le matériel d'apprentissage et, plus précisément, la façon dont ces apprenants interagissent, s'harmonisent, s'opposent ou négocient, vis-à-vis du matériel, en vue de réaliser une tâche d'apprentissage.

Concrètement, la technique de la réflexion à haute voix consiste à verbaliser, à commenter à haute voix la façon dont on s'y prend pour exécuter une tâche. L'apprenant qui écoute un texte pourrait dire par exemple : « Les mots utilisés dans le texte ne sont pas difficiles... je connais bien le sujet, j'ai déjà lu des articles concernant cette question... »

Cette démarche manifeste non seulement la conscience linguistique de l'apprenant, mais aussi ses stratégies d'adaptation à la tâche demandée ou l'adaptation de la tâche à ses stratégies. Dans le cas présent, le sujet vient de mettre en œuvre la stratégie des connaissances antérieures, référentielles.

Plusieurs critiques ont déjà été adressées à cette technique et, en particulier, celle-ci : elle nuirait au bon fonctionnement des divers processus qui interviennent et se combinent au cours de l'activité de compréhension. Les résultats de plusieurs expériences récentes semblent toutefois lui accorder une crédibilité et elle est de plus en plus utilisée, comme nous allons le voir dans les expériences qui suivent (pour une recension des écrits concernant la validité de la technique, on pourra consulter Vandergrift, 1992).

LES STRATÉGIES D'APPRENTISSAGE EN LANGUE ÉTRANGÈRE

L'observation de la mise en œuvre de stratégies d'apprentissage par les bons apprenants en langue étrangère, leur classification, ont donné lieu à des travaux nombreux, pour ne citer que ceux de O'Malley *et al.* (1985), Wenden (1987, 1991), Oxford et Crookall (1989), Cohen (1990), et nous ne nous arrêterons ici qu'aux plus marquants, notamment ceux de O'Malley *et al.* (1985) et Oxford et Crookall (1989) pour l'anglais langue étrangère.

O'Malley *et al.* ont cerné 26 stratégies d'apprentissage, réparties selon les trois catégories suivantes :

a) Les stratégies métacognitives, qui impliquent une réflexion sur l'apprentissage en général et permettent de le mieux planifier et diriger en évaluant ses progrès. L'apprenant qui fait le point sur ce qu'il vient d'apprendre par rapport à son projet met en œuvre une stratégie métacognitive.

b) Les stratégies cognitives, quant à elles, sous-entendent une interaction entre le sujet et le matériel d'apprentissage. Ainsi, faire des inférences, utiliser ses connaissances textuelles, sont des stratégies liées à l'activité de compréhension orale ou écrite.

c) Les stratégies socio-affectives sont mises en œuvre durant les interactions avec une autre personne pour aider l'apprentissage. Ainsi, l'étudiant peut poser au professeur des questions de clarification ou essayer de collaborer avec ses pairs dans le but d'échanger des idées, de s'encourager mutuellement pour mener à bien une activité pédagogique.

Dans le cadre d'une recension des écrits portant sur la dimension stratégique, Oxford et Crookall (1989) ont ajouté trois nouvelles catégories de stratégies à la typologie de O'Malley *et al.* Ce sont :

a) Les stratégies mnémoniques, définies comme des techniques qui aident l'apprenant à conserver une nouvelle information en mémoire et, à l'occasion, à la retrouver ; relever les mots clés, les idées importantes d'un texte, regrouper des éléments d'information sous forme de tableaux, de listes seraient des stratégies mnémoniques.

b) Les stratégies compensatoires, qui pallient le manque de connaissances ; il pourrait s'agir, par exemple, de l'utilisation d'un synonyme ou de la paraphrase lorsqu'on ne connaît pas le mot exact.

c) Les stratégies affectives, qui aident l'apprenant à vaincre l'inquiétude et le manque de confiance en soi qui se manifestent souvent au contact de textes étrangers. Dans ce cas particulier, l'apprenant essaie de « se prendre en main » en se disant peut-être : « Voyons, je vais y arriver, ce n'est pas si difficile que ça en a l'air... » ; il met alors en œuvre une stratégie affective.

Les études recensées dans les pages qui précèdent portent sur des observations d'élèves du secondaire et d'étudiants de milieu universitaire. Deux recherches ont cependant été menées auprès d'enfants par Wong-Fillmore (1976, 1979) et Chesterfield et Chesterfield (1985; citées par Cyr, 1996). Les résultats indiquent que les enfants savent mettre en œuvre plusieurs stratégies cognitives et socio-affectives, alors que les stratégies métacognitives demeurent plus difficiles à utiliser, ces processus évoluant toutefois avec l'âge.

LES STRATÉGIES D'ÉCOUTE EN LANGUE MATERNELLE

À partir des années soixante, différentes expériences ont été menées au primaire afin de savoir s'il était possible d'enseigner la compréhension orale. Les expériences ont porté sur le décodage auditif, l'attention, la mémoire, l'évaluation de la compréhension au moyen de différentes techniques (retrouver l'idée principale d'un texte, certains faits, le résumer, etc.). Ces études, poursuivies dans les années soixante-dix et quatre-vingt, ont permis de recueillir des données sur les stratégies cognitives en compréhension orale et écrite, le développement des schèmes du récit et l'imagerie mentale chez l'enfant. Pearson et Fielding (1982) proposent une recension des écrits dans le domaine, à laquelle le lecteur intéressé voudra bien se reporter.

Pour Goss (1982), qui a travaillé avec des adultes, l'écoute s'apparente à une tâche de résolution de problèmes, avec mise en œuvre de processus automatisés ou plus contrôlés. Ainsi, garder en mémoire le flot d'informations fait intervenir des processus automatisés, alors qu'essayer de mémoriser certaines parties du message exige davantage d'efforts et, par conséquent, la mise en œuvre de processus contrôlés, c'est-à-dire de stratégies.

En observant des sujets en situation d'écoute, Goss a pu cerner quelques stratégies du bon auditeur. Quelles sont-elles? Le bon auditeur est d'abord celui qui sait tirer parti des pauses pour mieux réfléchir au sens du message. S'il n'y a pas de pauses ou, au contraire, si elles sont trop nombreuses, la compréhension peut en souffrir.

La redondance, la prévisibilité du message sont autant d'éléments sur lesquels le récepteur habile sait s'appuyer pour traiter l'information ; ce faisant, il n'a pas besoin de traiter le texte mot par mot et il peut alors travailler avec des contraintes d'un degré supérieur (par exemple, au niveau de l'énoncé). La prédiction ou l'anticipation, qui prend la forme d'une suite de formulations et de vérifications d'hypothèses, facilite au bon auditeur la construction de la signification du texte, et ses prédictions seront d'autant plus faciles si le domaine de référence du message est connu.

La stratégie la plus efficace, selon Goss, consiste à fixer son attention sur un aspect particulier du message, par exemple, essayer de discerner, dans le cas d'un échange langagier, si le locuteur vous manifeste quelque intérêt ou non, s'il existe des contradictions dans les propos tenus. Cette stratégie permettrait à l'auditeur de mieux découvrir la signification globale du texte.

À partir d'une série d'échanges langagiers en anglais, en situations réelles de communication, Brown et Yule (1983) ont observé les stratégies d'écoute en langue maternelle, et ils en tirent quelques remarques critiques pour les situations d'écoute en langue étrangère. Voici ce qu'ils rapportent.

Dans les échanges entre interlocuteurs, en face à face, l'auditeur natif reconnaît assez facilement les contextes situationnels. Il sait, par exemple, que deux amis utiliseront un niveau de langue assez direct et familier pour demander un renseignement, alors que, dans pareil cas, deux interlocuteurs qui se connaissent moins bien s'exprimeront différemment en utilisant des énoncés linguistiques peut-être plus formels, mais appropriés à ce contexte.

Ce même auditeur perçoit également certains traits significatifs à travers les interactions verbales de plusieurs individus : ils sont pressés, distraits, de bonne humeur, etc. C'est ainsi qu'une intonation peut exprimer l'inquiétude ressentie à un moment donné par un individu. Dans un autre ordre d'idée, il peut aussi arriver qu'une conversation soit hors contexte pour l'auditeur, si on l'entretient d'un événement ou d'un fait qui lui est peu connu. Dans cette situation particulière, il observera alors attentivement les échanges pendant quelques minutes avant d'y prendre part et, lorsqu'il interviendra, il s'assurera qu'il a convenablement interprété le message, en demandant peut-être certaines clarifications : « Si je vous ai bien compris, vous venez de… »

Supposons maintenant que l'auditeur éprouve vraiment beaucoup de difficultés à cerner le sujet dont on parle. Il se donnera alors davantage de temps pour objectiver les idées échangées et traiter l'information en utilisant tous les indices susceptibles de l'éclairer et en faisant appel, au besoin, à ses connaissances antérieures. Cet auditeur sait aussi que son interlocuteur peut lui poser une question, lui demander une précision, ne serait-ce que pour s'assurer qu'il n'a pas perdu le fil de la conversation et, dans cette perspective, il reste attentif au déroulement de l'échange. Par ailleurs, si on lui donne des instructions assez détaillées, dont il doit se souvenir, il s'attend à ce qu'on les lui répète et il n'est pas impossible qu'il les note alors par écrit. L'échange terminé, il en retiendra un genre de résumé, en faisant abstraction de détails, d'éléments moins pertinents. Il n'est pas rare, cependant, qu'il garde gravé dans sa mémoire un mot ou une phrase qui l'a frappé. Par ailleurs, le caractère familier d'un sujet conduira l'auditeur à retenir certaines données plus facilement que d'autres.

Le comportement de cet auditeur natif est sensiblement le même lorsqu'il décide d'écouter la radio ou d'allumer le téléviseur. Si, *a priori*, le sujet l'intéresse, il va rassembler activement tous les indices disponibles pour saisir le plus rapidement possible les paramètres de la situation de communication : qui parle ? à qui ? de qui ? pourquoi ? etc., et, peu à peu, il amassera une certaine quantité de renseignements qui vont enrichir son expérience personnelle.

Les activités d'écoute en classe de langue créent souvent l'illusion d'interactions orales véritables produites à des fins de communication. Cependant, force est de reconnaître que, quelques cas mis à part, la situation de l'auditeur étranger est assez précaire comparativement à celle de l'auditeur natif, comme nous allons le voir dans les pages qui suivent.

LES STRATÉGIES D'ÉCOUTE EN LANGUE ÉTRANGÈRE

Les études se rapportant aux stratégies ont porté sur différentes langues, comme le français, l'italien, le russe, l'espagnol, et surtout l'anglais (Rubin, 1994). Les chercheurs ont essayé de mettre en rapport des stratégies d'écoute avec certaines variables comme la compétence linguistique, la compétence en compréhension, le type de texte, etc. Voici un compte rendu des principales expériences des dix dernières années menées au secondaire et en milieu universitaire. À notre connaissance, il n'existe pas d'étude semblables conduites au primaire avec des enfants.

En utilisant la technique de la réflexion à haute voix, Murphy (1987) a analysé les stratégies d'écoute d'apprenants de niveau collégial en anglais langue étrangère. Cette expérience lui a permis de déterminer quatre stratégies fréquemment utilisées par les auditeurs les plus compétents : 1) le rappel (*recalling*) ; 2) la spéculation (*speculating*) ; 3) l'analyse (*probing*) ; et 4) l'introspection (*introspection*). Voici, succinctement, en quoi consistent ces stratégies.

a) Le *rappel* consiste à reformuler, dans ses propres mots, certaines parties d'un texte. Au moyen d'essais et erreurs, le sujet tente de cerner l'information qu'il vient d'entendre durant une première écoute.

b) La *spéculation* fait jouer l'imagination, l'expérience, les connaissances antérieures (faire des associations entre ce que l'on connaît et le texte), savoir « écouter entre les lignes » (faire des inférences) et prévoir l'information qui va venir.

c) L'*analyse* consiste à examiner attentivement les idées présentées dans le texte et à essayer d'aller au-delà en portant un jugement critique (à partir d'idées explicitées et d'inférences). Au cours de cette étape, Murphy remarque que les meilleurs apprenants utilisent souvent leurs connaissances de la structure d'un texte, tandis que ceux qui sont moins compétents s'appuient sur le vocabulaire ou l'organisation des mots familiers contenus dans le texte.

d) L'introspection amène l'apprenant à faire le point sur son expérience d'écoute. Il pourrait dire, par exemple : « En somme, ce texte était assez facile, dès les premiers mots, je savais à quoi m'attendre... »

À partir de la technique de la réflexion à haute voix, Chamot *et al.* (1988) ont examiné les stratégies de compréhension de différents niveaux d'apprenants, classés en deux groupes : les bons auditeurs et les auditeurs malhabiles. Toutefois, en raison de certains problèmes relatifs aux textes choisis, seules les verbalisations des apprenants de niveau intermédiaire ont pu être analysées. Les résultats montrent que les bons récepteurs utilisent davantage certaines stratégies comme l'évaluation de leur performance, la prise de notes et l'attention sélective (savoir à l'avance sur quels éléments on va diriger son attention). Si ces chercheurs n'ont relevé que peu de différences entre les deux groupes quant à la fréquence d'utilisation des stratégies d'inférence et de gestion de l'activité (*self-monitoring*), ils attirent notre attention sur le fait que les bons auditeurs savent utiliser efficacement ces stratégies.

La même équipe de chercheurs (O'Malley, Chamot et Küpper, 1989) a également analysé, selon la même technique, les stratégies d'écoute d'élèves du secondaire de niveau intermédiaire en anglais langue étrangère, répartis encore une fois en deux groupes (les bons auditeurs et les auditeurs malhabiles). Trois stratégies ont été constatées : la gestion de l'activité, l'utilisation des connaissances antérieures et l'inférence. L'étude a également prouvé que les bons auditeurs sont capables de maintenir leur attention ou de la réorienter en cas de problème, alors que les autres sont pris au dépourvu devant l'obstacle et perdent rapidement pied. Ces mêmes sujets, un peu maladroits, ont aussi tendance à traiter l'information mot par mot (selon un processus de bas en haut), par opposition aux sujets plus habiles, qui font appel à de nombreuses sources de données pour analyser de plus grands fragments d'information (à la fois selon des processus de bas en haut et de haut en bas).

Lund (1991), dans l'expérience que nous avons brièvement évoquée dans le chapitre précédent, a comparé des auditeurs et des lecteurs en allemand langue étrangère en situation de compréhension, plus précisément des étudiants de niveaux débutant et intermédiaire faible inscrits à l'université Bringham Young. Les résultats des rappels ont montré certaines différences sur le plan de la mise en œuvre de stratégies pour décoder les stimuli oraux ou écrits. Ainsi, les auditeurs semblent « s'agripper » (*grasp*) à quelques mots pour en arriver à construire un contexte plausible, quand celui-ci est incertain, alors que les lecteurs s'appuient sur le contexte linguistique et sur les congénères, le cas échéant. Par ailleurs, tous les étudiants réussissent mieux les tâches de lecture en décodant davantage de mots, en rapportant plus d'idées principales et de détails que pour les tâches d'écoute. Comme le souligne Lund, étant donné les différences qui existent dans la façon dont les étudiants abordent ces deux tâches de compréhension, il conviendrait de faire preuve de prudence lorsqu'on applique à la compréhension orale les résultats des recherches menées en compréhension écrite.

Rost et Ross (1991) ont examiné les stratégies utilisées par des étudiants japonais de différents niveaux de compétence en compréhension de l'anglais langue étrangère. L'expérience s'est déroulée de la façon suivante : le professeur racontait une histoire en anglais à un apprenant japonais d'un certain niveau, cet apprenant étant invité à poser au professeur, durant le déroulement de l'histoire, des questions de clarification du genre : « Je n'ai pas compris le sens de ce mot. Qu'est-ce qu'il veut dire ? » L'analyse des verbalisations des apprenants a montré qu'ils avaient utilisé huit stratégies de clarification différentes (par exemple, la clarification d'une certaine partie d'un énoncé : « Quels sont les derniers mots que vous venez de prononcer ? »), dont quatre sont reliées à un niveau de compétence langagière. Les débutants, plus dépendants du texte, se contentaient de dire : « Je n'ai pas compris ce mot », alors que les apprenants d'un niveau plus avancé tentaient de trouver une signification possible à un énoncé en disant : « Avez-vous dit… ou… ? » De plus, l'étude a montré que les sujets très compétents font souvent appel à l'inférence, contrairement aux débutants qui s'appuient sur la redondance lexicale.

En utilisant la technique de la réflexion à haute voix, Bacon (1992) a examiné les stratégies utilisées par des apprenants inscrits à des cours d'espagnol langue étrangère à l'université. Ses sujets, hommes et femmes, divisés de façon aléatoire en deux groupes mixtes, ont écouté à deux reprises deux textes, l'un étant plus difficile que l'autre et l'ordre de présentation variant d'un groupe à l'autre. Durant la deuxième audition, on a demandé aux apprenants de commenter librement (l'examinateur posant habituellement un certain nombre de questions prédéterminées) leur parcours du texte et, chemin faisant, la mise en œuvre de stratégies d'adaptation à la tâche demandée. L'expérience a révélé que les hommes avaient davantage confiance en eux pour surmonter certaines difficultés inhérentes à la tâche, mais chez les femmes, le fait d'écouter le texte le plus difficile en premier augmentait le niveau de confiance.

■ ESSAI DE SYNTHÈSE

L'analyse des protocoles (les verbalisations des apprenants) a également montré que l'utilisation de stratégies différentes permettait parfois d'aboutir aux mêmes résultats.

À partir de quatre variables (la compétence linguistique, la compétence en compréhension, le sexe et le style d'apprentissage), Vandergrift (1992) a examiné les stratégies de compréhension mises en œuvre par des apprenants de différents niveaux en français langue étrangère inscrits à des programmes de base (*High School Core French*). Les résultats obtenus, au cours de plusieurs entrevues ainsi qu'au moyen de la technique de la réflexion à haute voix, sont les suivants : 1) les apprenants de tous les niveaux de compétence utilisent surtout des stratégies cognitives ; 2) les stratégies métacognitives — tout aussi essentielles pour bien réussir la tâche — sont surtout utilisées par les sujets habiles qui savent, en particulier, vérifier leur degré de compréhension, reconnaître un problème et corriger leur trajectoire ; 3) les hommes et les femmes utilisent pratiquement les mêmes stratégies ; 4) malgré quelques différences dans l'utilisation de certaines stratégies (le globaliste ayant tendance à mettre en œuvre des stratégies de compréhension comparables à celles de l'auditeur compétent), l'étude ne permet pas de tirer de conclusions définitives sur le lien qui pourrait exister entre un style d'apprentissage (globaliste/analytique) et l'usage de stratégies particulières.

Dans l'ensemble, les résultats recueillis par Vandergrift corroborent ceux des travaux importants réalisés dans le domaine des stratégies (Chamot *et al.,* 1988 ; O'Malley *et al.,* 1989), tout en confirmant que la compréhension est un processus actif de construction du sens du texte par le sujet, comme ces chercheurs le laissaient entendre.

Les observations des chercheurs ont aussi porté sur des stratégies spécifiques. C'est ainsi que plusieurs chercheurs se sont intéressés à la stratégie de la prise de notes durant l'écoute. On sait que les notes peuvent jouer un double rôle, d'abord celui de réserve d'informations où l'on puisera au besoin, peut-être à l'occasion de rappels, et celui de facilitateur pour l'encodage de données durant l'écoute.

La plupart des études empiriques ont montré que les apprenants en langue étrangère ne savent pas relever l'information importante d'un texte. Ainsi, par exemple, ils repèrent difficilement les titres et les sous-titres des grandes parties d'un exposé (Dunkel et Davy, 1989; Clerehan, 1992). Selon Chaudron *et al.* (1994), il existerait une relation entre la qualité des notes et la compréhension, même s'il est encore difficile d'affirmer qu'il s'agit d'une mesure directe de la compréhension.

La compréhension naît de la mise en présence de l'apport langagier et des connaissances (« *Comprehension takes place when input and knowledge are matched against each other* », Faerch et Kasper, 1986, p. 264). Mais, comme le soulignent O'Malley *et al.* (1989), ce face-à-face, cette mise en présence ne donne que très rarement les résultats attendus, et c'est la raison qui explique le recours aux stratégies pour faciliter, en quelque sorte, cette rencontre entre le texte et le sujet.

En résumé, le bon auditeur est celui qui sait adapter son fonctionnement cognitif à la tâche qu'il doit réaliser, en détectant ses propres difficultés et en y apportant des solutions grâce à la mise en œuvre de stratégies. Les résultats des recherches ont permis de mettre en évidence un certain nombre de stratégies, dont les plus souvent mentionnées sont les suivantes :

1. l'utilisation des connaissances antérieures ;
2. l'utilisation de l'inférence ;

3. l'utilisation du contexte ;
4. l'utilisation de la prédiction ou de l'anticipation ;
5. l'utilisation de l'analyse et du jugement critique ;
6. l'utilisation de l'objectivation (contrôle de l'activité par le sujet).

Comme nous pouvons le constater, les deux dernières stratégies qui composent cette liste [5] analyse et jugement critique et [6] objectivation) sont des stratégies métacognitives, alors que les quatre premières sont des stratégies cognitives qui s'appliquent à l'activité de compréhension. Y aurait-il avantage à enseigner en même temps ces deux types de stratégies dans les cours de compréhension orale ? Même si les recherches empiriques sont encore relativement limitées à ce sujet (O'Malley, 1987 ; Schwartz, 1992 ; Paulauskas, 1993), il y a tout lieu de croire qu'elles constituent une aide précieuse dans les activités de compréhension orale.

Des modèles d'apprentissage de stratégies ont déjà été élaborés et expérimentés, principalement en anglais (Brown et Palinscar, 1982 ; Meyer et Bartlett, 1985 ; Winograd et Hare, 1988) et en français langues maternelles (Giasson, 1992). Notons que Brown et Palinscar (1982) ont élaboré un modèle que l'on a appliqué à la compréhension orale en langue étrangère en y apportant, à l'occasion, certaines modifications (Herron et Seay, 1991 ; Rubin et Thompson, 1992).

Voici quelques mots sur ce modèle que l'on applique en utilisant trois approches. Dans la première approche, on propose aux apprenants un exercice qui demande la mise en œuvre d'une stratégie, sans toutefois la désigner par un nom ou la valoriser. Dans la deuxième approche, on nomme la stratégie et, pour en faciliter l'apprentissage, on explique de quelle façon elle peut être utile. Enfin, dans la troisième approche, on donne l'occasion aux apprenants de comparer et d'évaluer l'efficacité de différentes stratégies en les mettant en œuvre. Brown et Palinscar ont noté que la performance des sujets s'améliore au fur et à mesure qu'ils passent d'une approche « aveugle » (*blind*), comme c'est le cas pour la première démarche, à une approche où l'on accorde un rôle plus actif à la pensée (par exemple, dans la troisième). Les chercheurs ont également constaté le même phénomène pour les expériences en compréhension orale en langue étrangère que nous venons de mentionner. En bref, un enseignement explicite de stratégies semble bien réussir dans le domaine de la compréhension orale.

Richterich (1996) vient de proposer une ébauche de modèle fort original se rapportant à l'enseignement-apprentissage de stratégies. Ce nouveau modèle, à défaut de pouvoir s'inscrire comme tel dans une didactique de la compréhension orale, pourrait susciter un questionnement sur « les transformations des actes d'enseigner en actes d'apprendre » (p. 337-338). Voici un aperçu rapide de la réflexion qu'il partage avec nous dans son article intitulé « Didactique, temps, espace et... lexique ». D'emblée, Richterich attribue un sens plus large au terme de « stratégie », qu'il définit comme une compétence de communication et surtout une compétence d'apprentissage. Ensuite, pour mieux faire comprendre la notion de stratégie, il se tourne vers l'art militaire où l'on découvre, dans le premier traité de stratégie (*L'Art de la guerre* de Sun Tse, Ve siècle av. J.-C., cité par Richterich, p. 40), les notions d'*invisible*, de *prévisible*, d'*imprévisible* et de *visible*.

Par rapport à ces quatre facteurs, Richterich voit quatre moments didactiques : 1) l'invisible, où le rôle de l'enseignement est de « donner à voir ce qui est invisible » (p. 41) ; 2) le moment du prévisible, apprendre à faire des hypothèses pour les confirmer par le visible ; 3) l'événement imprévisible, où il s'agit de développer chez l'apprenant une capacité d'improvisation ; 4) « quant au visible, il correspond à la faculté de combiner des actes pour atteindre des objectifs » (p. 41).

■ ESSAI DE SYNTHÈSE

Pour Richterich, une stratégie implique que l'utilisateur veut gagner, atteindre un objectif et « tout cela s'inscrit dans une didactique des risques, […] didactique des trajectoires et une didactique de victoire ». Pour en savoir davantage sur cette compétence stratégique et la façon de l'acquérir, grâce à des jeux de cartes *stratégiques* (bien sûr!), on se reportera à cet article.

Notre objectif est donc d'aider les étudiants à connaître et à utiliser les stratégies qui leur seront les plus utiles pour maximiser leur performance en répondant aussi efficacement que possible aux exigences d'une tâche de compréhension. Dans le volet consacré aux interventions pédagogiques, nous aurons l'occasion de revenir sur cette question en présentant quelques types d'exercices reliés à l'enseignement de stratégies d'écoute.

TABLEAU 3

Les stratégies d'apprentissage et d'écoute

	Études	Langues	Sujets	Méthodes	Résultats (stratégies reconnues ou utilisées)
Les stratégies d'apprentissage en langue étrangère	O'Malley et al. (1985)	anglais L2	adolescents	interview	• 26 stratégies • 3 catégories (métacognitive, cognitive, socio-affective)
	Oxford et Crookall (1989)	anglais L2	adolescents	interview	• 3 nouvelles catégories : mnémonique, compensatoire et affective
	Wong-Fillmore (1975, 1979)	anglais L2	enfants		• cognitives et socio-affectives
	Chesterfield et Chesterfield (1985)				
Les stratégies d'écoute en langue maternelle	Pearson et Fielding (1982)	anglais L1	enfants		• schèmes du récit • imagerie mentale
	Goss (1982)	anglais L1			• anticipation • écoute sélective (recherche d'une information spécifique)

■ ESSAI DE SYNTHÈSE

	Études	Langues	Sujets	Méthodes	Résultats (stratégies reconnues ou utilisées)
Les stratégies d'écoute en langue maternelle	Brown et Yule (1983)	anglais L1			• connaissances antérieures • contexte situationnel • demande de clarification • éveil aux idées des autres* • gestion de l'activité • structuration de l'apport langagier
Les stratégies d'écoute en langue étrangère	Murphy (1987)	anglais L2	collégial auditeurs compétents	réflexion à haute voix	• rappel • spéculation • analyse • introspection
	Chamot et al. (1988)	anglais L2	secondaire auditeurs compétents	réflexion à haute voix	• attention sélective • prise de notes • gestion de l'activité
	O'Malley, Chamot et Küpper (1989)	anglais L2	secondaire intermédiaires	réflexion à haute voix	• gestion de l'activité • connaissances antérieures • inférence • maintien de l'attention

LES STRATÉGIES D'APPRENTISSAGE ET D'ÉCOUTE

Études	Langues	Sujets	Méthodes	Résultats (stratégies reconnues ou utilisées)
Lund (1991)	allemand L2	étudiants auditeurs et lecteurs débutants et intermédiaires	rappels	• mots clés (auditeurs) • contexte linguistique (lecteurs)
Rost et Ross (1991)	anglais L2	étudiants différents niveaux	réflexion à haute voix	• 8 stratégies de clarification
Bacon (1992)	espagnol L2	étudiants hommes et femmes	réflexion à haute voix	• différences dans le choix et la gestion de stratégies
Vandergrift (1992)	français L2	programmes de base différents niveaux garçons et filles	réflexion à haute voix	• stratégies cognitives utilisées à différents niveaux • stratégies métacognitives utilisées par sujets habiles

* Quelques étiquettes utilisées pour identifier les stratégies ont été empruntées à la classification proposée par Tréville et Duquette (1996).

CHAPITRE 4

Les caractéristiques des interlocuteurs

Les caractéristiques des interlocuteurs (la ou les personnes qui parlent et la ou les personnes qui écoutent) influencent profondément la façon dont le texte ou l'échange langagier se déroulera ou sera compris. Parmi ces caractéristiques, on retrouve des éléments de tous ordres comme l'habileté langagière, le prestige, la personnalité, les styles, l'âge, le sexe, les connaissances antérieures, la dimension socioculturelle, etc. Dans un premier temps, nous jetterons un rapide coup d'œil sur la recherche en langue maternelle avant d'examiner, à la lumière des études actuellement disponibles, la recherche en langue étrangère, en mettant l'accent sur les caractéristiques de l'auditeur.

LA RECHERCHE EN LANGUE MATERNELLE

Les caractéristiques du locuteur

L'HABILETÉ LANGAGIÈRE, LE PRESTIGE, LA PERSONNALITÉ

Dans une étude portant sur 30 professeurs chinois et 60 étudiants, Boyle (1984) a cerné quelques facteurs qui exercent une influence sur les activités de compréhension. En ce qui concerne les caractéristiques du locuteur, on retrouve la connaissance de la langue et l'habileté à l'utiliser. Ainsi, au départ, le locuteur natif possède une certaine aisance linguistique qui lui donne une supériorité sur celui qui s'exprime dans sa langue étrangère. La qualité de la prononciation, incluant l'accent et le débit, le prestige et la personnalité jouent également un rôle non négligeable au niveau de la réception du message.

LA CONNAISSANCE DES RÈGLES SOCIOCULTURELLES

Un échange sera fructueux si le signal que l'émetteur ou le locuteur cherche à transmettre est compris et bien reçu. Ainsi, on peut chercher à informer, demander de faire quelque chose, etc., fonctions langagières que l'on retrouve dans plusieurs inventaires (Austin, 1962; Grice, 1969; Searle, 1975; Coste *et al.,* 1976). Et si le rapport recherché par le locuteur est affectif, ce même échange réussira d'autant mieux. Pour cela, il faut naturellement que ce locuteur connaisse et partage les règles socioculturelles en vigueur dans la communauté linguistique. Au nombre de ces règles peuvent figurer des manifestations de politesse, comme la modestie, la générosité, la sympathie, etc. (Leech, 1983).

LES STYLES DES ENSEIGNANTS

Brown et Bakhtar (1983; cités par Rost, 1990) ont mené une étude importante sur les styles d'un type particulier de locuteur: les enseignants. Ils proposent une classification en cinq catégories: le visuel, l'exemplatif, l'amorphe, l'éclectique et celui qui est orienté vers l'oral. Le visuel est celui qui illustre son propos à partir de schémas, de notes écrites au tableau. L'exemplatif met en valeur les idées principales et résume fréquemment les points importants de sa présentation. L'amorphe va d'une idée à l'autre sans vraiment suivre de plan. L'éclectique a tendance à improviser en émaillant son discours de digressions qui éloignent les auditeurs des objectifs de départ. Enfin, l'enseignant orienté vers l'oral est celui qui tend à fournir des éléments d'information très structurés avec, le cas échéant, la définition des termes nouveaux. Pour conclure cette analyse, les auteurs indiquent qu'il est primordial de prendre en considération les connaissances des apprenants et leur style d'apprentissage afin de pouvoir mieux s'adapter à eux. Cette conclusion, assez générale, se serait révélée plus constructive si l'étude avait été plus approfondie.

Les caractéristiques de l'auditeur

LES CONNAISSANCES ANTÉRIEURES

Les modèles interactifs de compréhension orale ou écrite ont essayé de rendre compte du rôle joué par les connaissances antérieures. C'est ainsi qu'un document oral ou écrit fournit des directions, des pistes à partir desquelles l'auditeur ou le lecteur construira la signification en utilisant son expérience et ses connaissances (Anderson, 1977). Examinons un peu plus avant ce phénomène des connaissances antérieures.

Les connaissances sont regroupées selon des ensembles que l'on désigne maintenant sous le nom de « schème » ou de « schéma » (Rumelhart, 1977). Notons que l'on utilise également les termes de « script » (Schank et Abelson, 1977), « cadre » (Minsky, 1982) ou « événements » (Carrell et Eisterhold, 1983) qui recouvrent des réalités assez semblables (en anglais, il s'agit respectivement de *schema*, *script*, *frame*, *event*). Ainsi, par exemple, si nous prononçons le mot « cafétéria » en invitant un ami à venir partager notre repas, notre auditeur, pour nous comprendre, devra sélectionner le schème du restaurant sans prétention, où l'on mange simplement, rapidement et à bon marché. En d'autres termes, comprendre c'est mettre en relation des connaissances spécifiques et des informations externes qui conduisent à la reconstruction du sens.

Les schèmes sont des structures abstraites, organisées selon une certaine hiérarchie, et la compréhension d'un objet peut se faire de façon globale ou détaillée. Nous avons, par exemple, un schème pour la notion de maison, qui inclut à son tour les sous-schèmes de toit, porte, murs, etc. Les schèmes sont des processus actifs qui se modifient au fur et à mesure que l'on acquiert de nouvelles connaissances. La théorie des schèmes a été reprise et affinée par plusieurs chercheurs, dont Stein (1986) qui indique que les connaissances nécessaires à la réalisation d'une tâche sont de trois types : les connaissances déclaratives, les connaissances pragmatiques et les connaissances procédurales.

Les connaissances déclaratives correspondent aux connaissances théoriques : connaissance des lettres (voyelles et consonnes), des catégories de mots (articles, substantifs, verbes, etc.), des règles syntaxiques et de diverses situations ou événements appartenant à l'expérience quotidienne. Ces structures de connaissances se retrouvent dans la mémoire sous forme de schèmes. Les connaissances pragmatiques, que l'on désigne aussi sous le nom de connaissances conditionnelles, se rapportent aux conditions dans lesquelles les connaissances déclaratives et procédurales seront mises en œuvre. À quel moment, par exemple, est-il opportun d'interrompre un échange langagier pour demander une clarification sur un terme que l'on a mal saisi. Les connaissances procédurales, quant à elles, permettent d'actualiser les connaissances de type déclaratif. LeBlanc *et al.* (1992, p. 79) notent qu'il s'agit de la « connaissance du comment faire quelque chose ».

LA COMPÉTENCE LINGUISTIQUE

Comparé à l'auditeur en langue étrangère, l'auditeur natif se trouve au départ placé dans une situation privilégiée puisque, en principe, il possède une certaine compétence linguistique. Il peut arriver cependant qu'il ne connaisse pas la signification de quelques mots, même si, en général, il arrive assez bien à tolérer un certain degré d'ambiguïté. On a remarqué que la cohésion (les liens entre les phrases) peut occasionner de temps à autre quelques difficultés, surtout s'il s'agit de textes écrits qui sont lus à haute voix par un autre locuteur (Heyman, 1986). Toutefois, ce même auditeur natif perdra rapidement pied si on l'entretient d'un sujet dont le cadre de référence lui manque. Dans ce cas particulier, il peut alors choisir de demander des clarifications, ou tout simplement abandonner la partie, lorsque le seuil de tolérance à l'ambiguïté est franchi (Garnham, 1986).

De la même façon, une variété de langue (ou un dialecte) parlée par un locuteur peut être à la source de difficultés pour l'interprétation du message. À cet égard, Wells (1982) a observé différents accents de l'anglais qui se concrétisent par des variantes phonémiques conditionnées par leur position dans la chaîne sonore (par exemple, le *r*). Il note que les auditeurs qui ne connaissent pas un accent doivent alors se constituer une carte mentale (*mental map*) de la distribution des phonèmes, dans ce dialecte particulier, pour pouvoir arriver à retrouver le sens de certains énoncés. Des constatations analogues peuvent être faites à propos du rythme et de l'intonation, des traits qui servent souvent à opposer deux dialectes.

ET LES AUTRES VARIABLES

Avant d'aborder la recherche en langue étrangère, signalons que les théoriciens de la communication, ainsi que les cognitivistes, ont déterminé de nombreuses variables susceptibles d'affecter la compréhension de l'auditeur. Celles-ci vont des distractions causées par la faim ou une indisposition, en passant par le manque d'intérêt pour un sujet, la réaction négative ou positive au style d'un locuteur (Watson et Smeltzer, 1984). L'intelligence, le niveau d'instruction qui se manifeste par une connaissance approfondie de la langue (Samuels, 1984), le degré de motivation (Carroll, 1977), la culture

(Wolvin et Coakley, 1985) sont également des éléments qui ont un rôle à jouer dans la démarche de compréhension.

LA RECHERCHE EN LANGUE ÉTRANGÈRE

Les caractéristiques du locuteur

La recherche en langue étrangère est encore relativement peu développée. Voici les deux études, assez connues, portant sur les caractéristiques du locuteur, et plus précisément sur la personnalité et le sexe.

LA PERSONNALITÉ

Comme nous venons de le voir pour la langue maternelle, la personnalité du locuteur est déterminante. Beebe (1985 ; cité par Rost, 1990) a également montré que s'il ne s'établit aucun lien de solidarité, de coopération, entre le locuteur et son auditoire (dans le cadre de son étude, il s'agissait d'apprenants qui visionnaient une vidéo), il y a de fortes chances que leur motivation disparaisse et que la tâche de compréhension à laquelle ils se livrent perde tout intérêt. En conséquence, les enseignants avisés doivent sélectionner avec une attention particulière les enregistrements qu'ils proposent à leurs apprenants.

LE SEXE

Du point de vue social, le langage apparaît comme un moyen conventionnel d'agir sur autrui, pour l'informer, l'interroger, lui donner un ordre ou le prendre à témoin. Dans notre société, sommes-nous conditionnés à écouter plus attentivement un locuteur de sexe masculin ? C'est ce que prétend Markham (1988), à la suite d'une étude menée en milieu universitaire avec des apprenants, hommes et femmes, en anglais langue étrangère, de niveaux intermédiaire et avancé. L'étude, qui se basait sur des rappels donnés à la suite d'exposés présentés par des personnes des deux sexes, habiles ou inexpérimentées, a montré que ces rappels étaient plus importants en longueur, pour les deux niveaux, lorsque le locuteur inexpérimenté était un homme. Par ailleurs, ces apprenants, et surtout les étudiants de niveau avancé, se sont rappelé davantage d'informations lorsque le locuteur habile était un homme. Enfin, l'exposé d'un locuteur habile de sexe féminin a suscité de meilleurs rappels que le même exposé donné par un locuteur inexpérimenté du même sexe.

Il ne faut pas oublier de mentionner que ces observations portaient sur des apprenants asiatiques (plus de 50 % des sujets), une variable culturelle susceptible d'influer sur les résultats. En raison de cette difficulté, il est donc difficile d'accorder une trop grande crédibilité à cette expérience.

Les caractéristiques de l'auditeur

La composante auditeur est cruciale, puisque c'est lui qui construit le sens du message. Un certain nombre de caractéristiques permettent de distinguer l'auditeur novice de celui plus expérimenté et, parmi celles-ci, on pourrait citer le niveau de compétence langagière, le fonctionnement de la mémoire à court terme, le degré d'attention, l'affectivité, l'âge, le sexe, les connaissances antérieures et les difficultés langagières en langue maternelle.

À partir d'études récentes, nous allons essayer de mieux comprendre ces caractéristiques et leurs effets sur le processus de compréhension.

LE NIVEAU DE COMPÉTENCE LANGAGIÈRE

Les expériences menées depuis une vingtaine d'années ont permis de constater qu'il y aurait une relation entre l'écoute laborieuse que pratiquent les apprenants en langue étrangère et un niveau de compétence langagière limité (Faerch et Kasper, 1986 ; Hammadou, 1990 ; Rader, 1990 ; Feyten, 1991 ; Schmidt-Rinehart, 1994).

C'est ainsi qu'à la suite d'une recherche récente menée auprès de 90 étudiants de niveau intermédiaire, inscrits à des cours d'été en espagnol et en français langues étrangères, à l'université du Tennessee, Feyten (1991) a remarqué qu'il existe une corrélation étroite entre la compréhension orale et la compétence langagière en langue étrangère. L'expérience s'est déroulée comme suit : au début du cours, une des versions du test Watson-Barker (*WBLT*, 1987) a servi à évaluer la compréhension orale. L'épreuve se compose d'un enregistrement magnétoscopique accompagné de cinq sous-tests (par exemple, évaluer le contenu de messages, leur charge émotive, comprendre des instructions, des directives, etc.). À la fin du cours, d'une durée de 298 heures, les étudiants ont été soumis à des tests en français ou en espagnol préparés par le département des langues de l'université du Tennessee. On ignore cependant si ces tests (entrevue, tests de compréhension orale, de grammaire, de vocabulaire, de lecture) avaient été validés.

Après avoir examiné plusieurs études portant sur les niveaux de compétence langagière, Rubin (1994) souligne le fait que les chercheurs n'ont que très rarement utilisé des tests standardisés dans leurs expériences, une précaution qui s'impose, pourtant, pour pouvoir tirer des conclusions sur des relations éventuelles entre la capacité de compréhension orale et un niveau de compétence langagière.

De façon plus précise, les apprenants, surtout au niveau débutant, distinguent mal les sons différents ou similaires, car ils ignorent les règles phonologiques qui provoquent des changements de sons dans certains environnements (par exemples : les_enfants, les/livres).

Pour ces apprenants débutants, la langue se résume souvent à une suite de bruits qu'il leur est difficile de segmenter en unités significatives. Mais à mesure que la compétence langagière s'améliore, ils deviennent plus habiles aux tâches de compréhension. Encourager les apprenants à écouter des documents authentiques ou réalistes, mais surtout multiplier les possibilités d'échange verbal sont des moyens pour leur permettre d'augmenter leur compétence phonologique, syntaxique et lexicale. C'est ce que suggère Germain-Rutherford (1995) dans une tentative que nous aurons l'occasion d'évoquer dans le volet consacré aux interventions pédagogiques. Dans le chapitre 5 du présent ouvrage, nous examinerons plus en détail les problèmes d'apprentissage des faits phonétiques.

De la même façon, leurs connaissances morphologiques (les règles de formation des mots) et syntaxiques (l'organisation des mots dans l'énoncé) sont précaires et leur vocabulaire est presque inexistant. En ce qui concerne les recherches empiriques menées dans le domaine de la morphologie et de la syntaxe, nous renvoyons notre lecteur aux travaux de Germain et Séguin *Le Point sur la grammaire en didactique des langues*, 1995).

Il est clair que la connaissance d'un bon vocabulaire départage facilement les apprenants qui saisissent quelques bribes d'un message de ceux qui parviennent à en dégager l'essentiel. Peu de recherches ont encore porté sur l'apprentissage et la rétention du vocabulaire à l'oral en langue étrangère. On sait, cependant, que l'apprentissage de mots en contexte est plus efficace qu'un enseignement direct (Duquette, 1993).

Comme nous l'explique Giacobbe (1992), en s'appuyant sur la recherche empirique, le lexique n'est pas une liste de lexèmes préconstruits à mémoriser mais, à l'instar de la grammaire, un genre de construction hypothétique de l'apprenant, une construction plutôt instable qui ne se développe qu'en se transformant tout au long du processus. Pour cet auteur, la capacité de mémoriser un lexème de la langue cible pour pouvoir le produire dans le discours est donc une conséquence de la construction d'un système de règles lexicales, et non celle de la fréquence d'exposition au lexème en question. Il est ainsi nécessaire de différencier la capacité de reconnaissance de la capacité de production d'un lexème. Seule cette dernière semble liée à la mise en place d'un système de règles lexicales. Si tel est le cas, il s'agira pour l'enseignant de repenser certaines pratiques de classe (le recours à des listes de mots, l'enseignement d'un vocabulaire réceptif, etc.), pour se pencher sur des méthodologies qui favorisent la construction d'un système de règles lexicales chez l'apprenant.

LA MÉMOIRE À COURT TERME

Dans une expérience menée auprès de 41 étudiants de niveaux intermédiaire et avancé en anglais langue étrangère, Call (1985) a constaté : 1) que la mémoire à court terme est une composante importante pour l'intrant sensoriel qui est acheminé vers elle durant l'activité de compréhension, et 2) que la capacité de la mémoire à court terme est plus limitée en langue étrangère qu'en langue maternelle, l'empan mnémonique augmentant en fonction de la compétence linguistique. En conséquence, le rappel de mémoire de phrases est le meilleur indicateur de la compétence en compréhension orale. Dans le cadre de cette expérience, les apprenants ont été soumis à cinq tests faisant intervenir la mémoire à court terme : 1) le rappel de phrases en contexte, à partir d'une histoire qui leur avait été lue ; 2) le rappel de phrases isolées ; 3) le rappel de séries de mots tirés des deux premiers tests ; 4) le rappel d'une série de chiffres ; 5) la reconnaissance de variations intonatives. Notons qu'un test validé (*Michigan Test of Aural Comprehension*) avait permis d'évaluer la compétence des sujets en compréhension orale.

Pour Buck (1990 ; cité par Rubin, 1994), la relation qui existe entre la mémoire à court terme et la compréhension orale n'est peut-être pas aussi évidente que Call voudrait le laisser entendre dans l'expérience dont nous venons de parler brièvement. Buck explique en effet que les corrélations obtenues au test de compréhension orale et aux tests portant sur la mémoire dépendent plutôt de la compétence linguistique, la véritable cause, selon lui, des corrélations observées.

L'article de Stevick (1993), dont nous avons déjà eu l'occasion de parler dans le chapitre consacré aux modèles, et qui présente une sorte de synthèse sur les recherches menées dans le domaine de la mémoire, passe sous silence la question de la capacité de la mémoire à court terme en tant que facteur qui permettrait de distinguer un bon auditeur d'un auditeur moins habile. En dépit de cette lacune, Stevick semble entériner les travaux menés par McLaughlin (1987, 1990). On sait que McLaughlin, ainsi que d'autres chercheurs (Sanford et Garrod, 1981; McLaughlin *et al.*, 1983), ont montré que le traitement détaillé des mots, dans des activités de compréhension, exige trop de temps et d'attention de la part du sujet possédant des connaissances linguistiques limitées. La mémoire à court terme, rapidement engorgée, ne parvient plus à assimiler les informations qui finissent alors par se perdre. C'est cette thèse que l'on retient aujourd'hui, de préférence à celle qui s'appuie sur une plus ou moins grande capacité de la mémoire à court terme.

LE DEGRÉ D'ATTENTION

L'attention, ou plutôt le manque d'attention, pose des problèmes particuliers en compréhension orale. O'Malley *et al.* (1989) ont noté, dans leur étude sur les stratégies, que les bons auditeurs sont conscients de leurs distractions lorsqu'elles se produisent, et ils font alors en sorte de réorienter leur attention sur la tâche à accomplir. Les auditeurs peu habiles, par contre, ne s'aperçoivent pas que leur niveau de concentration baisse et, en cas de difficulté, s'ils butent sur un mot inconnu, ils cessent tout simplement d'écouter.

Selon Cohen (1990), une moyenne de 50 % des étudiants sont attentifs au contenu d'un texte. À partir d'indices, ils essaient, par exemple, de mettre en œuvre les connaissances susceptibles de les aider à accéder à son sens. Il va sans dire que plus un texte ou un échange est long, plus les contraintes deviennent importantes sur le plan de l'attention. Des stratégies comme l'imagerie mentale (on imagine, par exemple, un décor, des personnages, etc.), les associations, l'imitation de certaines actions, dans la mesure du possible, aident l'apprenant à acheminer l'information vers la mémoire à long terme (Oxford, 1990), à faciliter l'appréhension de l'information, au lieu de se contenter de se répéter le texte sans vraiment procéder à un traitement de l'information.

Dans les essais de description et d'explication du phénomène d'acquisition d'une langue étrangère, l'attention occupe une place de choix, car elle conditionne, en grande partie, la réussite ou l'échec de l'apprenant (Scovel, 1991). On a remarqué que lorsque les apprenants ont une intention ou des objectifs d'écoute, leur degré d'attention augmente et ils s'appliquent alors à atteindre leur but (Cohen, 1990; Oxford, 1990; Scarcella et Oxford, 1992).

L'AFFECTIVITÉ

L'affectivité, qui renvoie aux attitudes, aux croyances, aux émotions, à la confiance en soi, constitue un facteur important dans l'apprentissage d'une langue étrangère (Krashen, 1982; Bacon, 1989). Les apprenants sont souvent sévères, voire négatifs lorsqu'il s'agit d'évaluer leur propre capacité en compréhension orale (*a negative listening self-concept*; Joiner, 1986). Ils se découragent facilement devant le premier mot inconnu et deviennent alors de plus en plus inquiets ou nerveux au contact du texte étranger. C'est une situation que l'on constate assez fréquemment chez les sujets qui possèdent surtout une mémoire visuelle (Oxford et Lavine, 1991).

Avant toute chose, il est donc important de les rassurer en leur montrant qu'il existe plusieurs façons de contourner une difficulté en mettant en œuvre des stratégies de compréhension. La stratégie du contexte linguistique, par exemple, peut parfois se révéler utile pour découvrir la signification d'un mot inconnu.

Rubin (1994) a rapporté les résultats d'une thèse de doctorat, datant d'une dizaine d'années, qui mettent en rapport l'affectivité et la compréhension orale. Voici quelques mots sur cette expérience. À partir de la technique de la réflexion à haute voix, Fujita (1984 ; cité par Rubin) a examiné les stratégies d'écoute d'étudiants débutants en japonais appartenant à la US Air Force Academy. Ces étudiants avaient été préalablement divisés en deux groupes — bons auditeurs et auditeurs maladroits — au moyen d'une série de tests administrés au cours de l'année scolaire. L'analyse des verbalisations a montré que les étudiants considéraient la confiance en soi (*self-confidence*) comme l'un des trois facteurs importants pouvant affecter les activités de compréhension orale.

Aneiro (1989) a étudié la relation entre l'appréhension (*apprehension*), la compréhension orale et la compétence langagière en anglais langue étrangère chez 451 apprenants au niveau collégial à Porto Rico. Les résultats obtenus ont été les suivants : 1) l'appréhension augmente en proportion des limites de la compétence langagière ; 2) le fait d'être exposé souvent à l'anglais (*high exposure to English*) permet d'abaisser le niveau d'appréhension ; 3) il n'existe aucune différence entre les apprenants de sexe masculin ou féminin ; 4) l'appréhension augmente chez l'auditeur en fonction de certaines tâches. Parmi ces tâches, l'échange en face à face arrive au premier rang, suivi de l'échange en groupe et de l'écoute de la télévision.

■ ESSAI DE SYNTHÈSE

Bien que les recherches empiriques sur les variables affectives restent encore peu nombreuses, elles ouvrent néanmoins des perspectives pour les chercheurs qui voudraient s'intéresser à des aspects comme l'affinité pour une langue, la variable enseignant, les répercussions éventuelles de la tradition orale en langue maternelle, etc., des éléments qui peuvent contribuer à la réduction des barrières affectives ou, dans certains cas, rendre les obstacles linguistiques encore plus difficiles à franchir pour des apprenants en langue étrangère.

L'ÂGE

On sait que la relation entre l'âge et la capacité d'apprendre une langue étrangère a donné lieu à quelques études où l'on a comparé des enfants aux adultes ou encore des enfants de différents groupes d'âge. Rappelons que plusieurs recherches (Seliger, Krashen et Ladefoged, 1975 ; Oyama, 1976 ; Patkowski, 1980) ont montré que l'apprentissage précoce d'une langue étrangère, avant la puberté, donne de bien meilleurs résultats en matière de compétence langagière. Il s'agit d'un avantage qui, dans certains cas, peut conduire ces apprenants à acquérir une compétence comparable à celle du locuteur natif, une réalisation qui ne se produit que très rarement chez ceux qui ont commencé l'apprentissage d'une langue après la puberté.

D'autres études (Asher et Price, 1967 ; Fathman, 1975) ont montré, par contre, que les adolescents et les adultes progressent plus rapidement que les enfants en début d'apprentissage d'une langue étrangère. Mais s'il est vrai que ces apprenants plus âgés prennent quelques longueurs d'avance, les enfants rattrapent rapidement ce retard et dépassent même leurs aînés (Krashen, Long et Scarcella, 1979). Les études (d'Anglejan *et al.,* 1981 ; Brown, 1983) où l'on a comparé les performances langagières d'adultes d'âges différents inscrits à des programmes de langue étrangère ont montré que l'âge est un facteur important. Les sujets âgés d'une vingtaine d'années atteignent un meilleur niveau — surtout en compréhension orale et en expression orale — que celui des apprenants plus âgés (40 ans et plus).

En se basant sur les résultats d'une première recherche menée en 1984, Seright (1985) a essayé d'établir le lien existant entre le facteur âge et les performances en compréhension orale. Plus précisément, existe-t-il des différences, dans l'acquisition de la compétence en compréhension orale, entre des adultes appartenant à différentes tranches d'âge ? Dans ce contexte, la compétence en compréhension orale est définie comme l'habileté à comprendre un message cohésif et cohérent, c'est-à-dire à saisir le contour situationnel (intervenants, lieux, idées générales) dans lequel le texte prend place.

Soixante et onze sujets francophones, membres des Forces armées canadiennes et inscrits à des cours intensifs d'anglais, à l'École de langues de St-Jean (Québec), ont participé à cette expérience. Ces apprenants, préalablement divisés en deux groupes d'âge (de 25 à 41 ans et de 17 à 24 ans), ont subi deux pré-tests et deux post-tests en compréhension orale, le premier préparé par le ministère de la Défense nationale (MDN), et le second élaboré pour les besoins de l'expérience. Ce deuxième test, validé, se composait de descriptions, de dialogues et d'instructions enregistrés sur cassette. Les techniques d'évaluation utilisées comprenaient des questions ouvertes, des questions à choix multiples et des transferts d'informations (chiffres à reporter dans des tableaux).

Le bilan des apprentissages, dressé à la fin du cours, selon les résultats aux tests (pré-tests et post-tests), montre une supériorité des jeunes apprenants (de 17 à 24 ans) sur le plan de la performance en compréhension orale. L'examen détaillé de certaines des analyses statistiques permet aussi d'observer des corrélations négatives entre l'âge et la performance : plus l'apprenant est âgé, plus il aura de difficulté à faire face aux exigences de situations de compréhension et à améliorer sa compétence.

Un contrôle rigoureux de variables comme la motivation des sujets (instrumentale et intégrative), la qualité du cours de langue étrangère (la dynamique du groupe, les procédés pédagogiques mis en œuvre par l'enseignant), les expériences antérieures en langue étrangère, etc., sont des mesures nécessaires pour assurer une plus grande exactitude aux données recueillies et à leur interprétation. S'il est regrettable que Seright n'en ait pas davantage tenu compte, on doit néanmoins souligner que son étude est l'une des rares dans le domaine de la compréhension. Elle a le mérite de faire prendre conscience de l'importance du facteur âge aux enseignants et aux responsables de la formation linguistique. Exiger les mêmes performances, surtout en production orale et en compréhension orale, chez des sujets âgés d'une vingtaine d'années et d'autres qui ont déjà franchi le cap de la quarantaine, n'est-ce pas avoir des attentes un peu irréalistes ?

Rebuffot (1993), en s'appuyant sur des travaux récents, indique que cette question de l'âge est encore loin d'être résolue. Certaines études montrent en effet que l'aptitude à l'apprentissage d'une langue ne se détériore pas de façon systématique après la puberté. Il est donc nécessaire de continuer à investir plus d'énergie et de ressources pour répondre à cette question importante pour la didactique des langues.

LE SEXE

Les chercheurs (Boyle, 1987 ; Markham, 1988 ; Feyten, 1991 ; Bacon, 1992 ; Vandergrift, 1992) qui se sont penchés sur la relation qui pourrait exister entre le sexe et la compréhension orale n'ont, pour le moment, abouti à aucun résultat significatif. Nous ne nous arrêterons donc pas sur les études conduites dans le domaine.

LES CONNAISSANCES ANTÉRIEURES

Depuis quelques années, les écrits pédagogiques sur l'apprentissage de la langue étrangère contiennent aussi de nombreuses informations et suggestions concernant le rôle crucial des connaissances antérieures dans l'enseignement et l'apprentissage. L'apprenant ne peut traiter des données de façon significative qu'en établissant des liens entre ses connaissances en mémoire, et il est donc important qu'il sache utiliser ces connaissances à la fois pour faciliter l'appréhension et pour élargir son bagage cognitif.

L'exemple qui suit, traduit de Kay (1987; cité par Rost, 1990, p. 223), permet de mieux comprendre comment l'auditeur relie des connaissances antérieures (des schèmes) à l'information propositionnelle disponible à travers le flot sonore. Prenons l'énoncé suivant : « Le chef cuisinier est allé au débarcadère et a acheté des poissons aux pêcheurs. »

Le mot entendu	suscite un schème	qui contient des espaces remplis d'informations comme...
chef cuisinier	*restaurant*	nourriture, tables, clients...
est allé	*voyage*	voyageur, moyen de transport, temps nécessaire pour le voyage
débarcadère	*endroit*	un endroit particulier où des gens travaillent
et a acheté	*transaction achat*	argent, acheteur, vendeur
des poissons	*produit*	un certain produit

■ ESSAI DE SYNTHÈSE

Depuis quelques années, des expériences ont été faites en compréhension orale afin d'évaluer le rôle des connaissances antérieures. Ces études, en langue étrangère, reproduisent celles menées en langue maternelle. À cet effet, on se souviendra des travaux en compréhensions écrite et orale de pionniers comme Bransford et Johnson (1972) qui, en anglais langue maternelle, avaient abordé le concept de connaissances antérieures à partir de certaines caractéristiques textuelles, comme les titres et les images. Voici maintenant quelques études importantes consacrées à cette question des connaissances antérieures.

Dans une expérience menée auprès de 188 étudiants en espagnol langue étrangère, à l'université de l'Ohio, Long (1990) a montré le rôle important que jouent les schèmes (les connaissances déclaratives) en compréhension orale. Les étudiants ont écouté à deux reprises deux extraits sélectionnés en fonction de l'intérêt et de la familiarité du sujet. Notons que le premier extrait portait sur une ruée vers l'or en Équateur, alors que le second traitait du groupe musical U2 (des musiciens de rock populaires). Préalablement à l'écoute, les étudiants avaient rempli un questionnaire portant sur la ruée vers l'or en Californie, en 1848, le but de cet exercice devant leur permettre d'activer leurs schèmes disponibles sur le sujet. Après l'écoute, les étudiants ont : 1) résumé en anglais les deux textes ; 2) reconnu dans une liste d'énoncés ceux qui correspondaient aux textes entendus.

Les résumés se rapportant au groupe U2 ont été bien meilleurs que ceux traitant de la ruée vers l'or en Équateur, à cause de la plus grande familiarité des apprenants avec ce sujet. Long a également constaté que les schèmes peuvent à la fois être profitables et nuisibles. Profitables, dans le sens où ils facilitent le traitement de l'information, et nuisibles lorsque les étudiants transfèrent des connaissances qui ne se rapportent pas à un sujet. C'est ainsi que, dans cette expérience, les apprenants ont utilisé des éléments de la ruée vers l'or de 1848 en Californie, pour expliquer un texte portant sur un événement des dernières années en Équateur. Mais ne fallait-il pas s'y attendre après avoir demandé à ces apprenants de remplir un questionnaire portant sur la ruée vers l'or en Californie ? Dernière remarque au sujet de cette expérience, qui a également permis de constater que les connaissances linguistiques jouent un rôle important lorsque les schèmes ne sont pas disponibles, alors que, dans le cas contraire, les apprenants s'appuient moins sur ce type de connaissances.

En poursuivant les recherches de Long (« *a natural expansion of Long's study* », comme le précise l'auteur dans son article), Schmidt-Rinehart (1994, p. 180) a aussi démontré que la connaissance du sujet d'un texte en facilite l'appréhension. Dans le cadre de cette expérience, Schmidt-Rinehart a également choisi des étudiants en espagnol à l'université. Ces apprenants, qui appartenaient à trois niveaux différents, ont écouté deux textes comparables en longueur, débit et vocabulaire. Les rappels, qui ont immédiatement suivi l'écoute, ont montré, et cela pour les trois niveaux, que le domaine de référence du texte est un élément important pour sa compréhension. Ainsi, l'un des textes informatifs, ayant trait aux universités espagnoles, un domaine familier aux apprenants, a suscité de meilleurs rappels que l'autre texte (un extrait de roman, où l'on évoquait une promenade dans un parc), qu'ils ont eu plus de difficulté à rattacher à des connaissances antérieures. L'expérience a révélé, par ailleurs, que la compréhension varie en fonction de la compétence linguistique.

La culture, les croyances ont une influence certaine sur la compréhension de textes traitant de phénomènes culturels marqués. Rost (1990) note que les indices contenus dans un texte ou dans un échange sont souvent insuffisants pour stimuler les connaissances afin que l'auditeur, lors d'une conversation interculturelle, en arrive à une compréhension acceptable du message. Voici, encore une fois, un exemple emprunté à Rost (p. 71) qui montre que l'auditeur n'a pas réussi à inférer le sens du message. À savoir, les enfants appartenant à certaines cultures refusent de jouer avec ceux qui sont plus jeunes qu'eux.

Linus, un jeune garçon, frappe chez Violette, qui est plus âgée que lui.

Linus :   – Tu veux jouer avec moi ?
Violette :   – Tu es plus jeune que moi (*elle ferme la porte*).
Linus (*surpris*) : – Elle n'a pas répondu à ma question !

Les deux expériences qui suivent ont permis de recueillir quelques informations permettant d'alimenter la réflexion sur cette perspective interculturelle, intimement liée aux connaissances antérieures.

Chiang et Dunkel (1992) ont fait une expérience intéressante en anglais langue étrangère avec 388 apprenants chinois de niveaux intermédiaires fort et faible. L'expérience consistait à écouter deux exposés, l'un sur les Amish et l'autre sur Confucius et sa philosophie. Des questions à choix multiples, dépendantes et indépendantes du texte (*passage-dependent items* et *independent items*), ont ensuite été utilisées pour mesurer la compréhension orale. Les résultats ont montré que la connaissance du sujet (en l'occurrence, Confucius et sa philosophie) facilite la compréhension du texte. Toutefois, une différence significative n'a été observée que dans les tests à choix multiples indépendants du texte. Autrement dit, les effets des connaissances antérieures sur la compréhension des textes eux-mêmes demeurent encore difficiles à cerner.

De la même façon, l'expérience menée par Markham et Latham (1987) montre que les connaissances antérieures en matière de religion (*religion-specific background knowledge*) influent sur la compréhension orale lorsque les textes portent sur ce domaine. Voici quelques mots concernant cette étude.

Les chercheurs ont sélectionné 65 étudiants de niveau avancé en anglais langue étrangère, appartenant au Maryland English Institute. Parmi cet échantillon, 28 ont déclaré n'avoir aucune connaissance sur les rites des religions catholique ou musulmane, alors que 16 d'entre eux pratiquaient la religion musulmane et 20 la religion catholique. Les apprenants ont écouté, à deux reprises, deux textes informatifs, d'un niveau de difficulté similaire, le premier portant sur les rites de la religion catholique et le second sur ceux de la religion musulmane, et ont ensuite rappelé ces textes par écrit. Une évaluation des contenus des rappels, à partir de la méthode de l'unité d'information (*T-unit*; Hunt, 1965), a montré des différences appréciables chez les sujets pratiquant l'une ou l'autre de ces religions. Ainsi, les catholiques ont rapporté davantage d'unités d'information, plus complètes et avec moins d'erreurs sur le texte se rapportant aux rites de leur religion que les musulmans ou ceux qui n'avaient aucune connaissance dans ce domaine. Les mêmes remarques s'appliquent aux musulmans en ce qui touche le texte traitant de leur propre religion. En fait, des résultats sans grande surprise.

Comme on peut le constater, les expériences sont encore peu nombreuses dans le domaine des connaissances antérieures. On peut espérer que les travaux en cours contribueront à mieux en faire comprendre les différents aspects en relation avec les niveaux de compétence, les types de textes, etc. Étant donné l'importance que revêt la capacité de mettre en œuvre les connaissances antérieures, il apparaît nécessaire d'étudier ces interactions, qui ne sont pas sans effet sur l'acquisition d'une compétence orale.

LES DIFFICULTÉS LANGAGIÈRES EN LANGUE MATERNELLE

Les troubles du langage oral sont très courants en langue maternelle et regroupent différentes difficultés, allant du simple trouble de l'articulation (mauvaise articulation d'un son), aux troubles de la parole (non-respect de l'ordre des sons dans les mots), où l'expression verbale devient alors un véritable jargon. Ces problèmes peuvent également s'accompagner de constructions grammaticales défectueuses, de simplifications de structures syntaxiques, d'erreurs d'utilisation des notions catégorielles (pronoms personnels, verbes, etc.). À la suite de plusieurs expériences, Sparks et Ganschow (1989, 1991, 1993) laissent entendre que ces mêmes difficultés d'apprentissage en langue maternelle (compréhension et expression), provenant d'un système langagier déficitaire, ont toutes les chances de se retrouver en langue étrangère : « *If phonological problems cause difficulties with L1 learning, both oral and written, then it seems plausible to speculate that phonological difficulties are likely to cause oral and written language problems in L2* » (Sparks et Ganschow, 1993, p. 295).

Pour aider ces apprenants en difficulté, on préconise différentes approches, dont l'enseignement explicite de la phonologie en langue maternelle, en adoptant une progression rigoureuse. Des exercices visant la perception et l'articulation des sons peuvent également être efficaces dans cette situation (Sparks et Ganschow, 1993). Cette première collecte d'informations est intéressante car elle fait apparaître une variable qui, jusqu'à présent, n'avait pas vraiment retenu l'attention des chercheurs : les défaillances linguistiques en langue maternelle et leurs conséquences possibles en langue étrangère. C'est ainsi que Sparks et Ganschow (1991) remettent en question les méthodes utilisées par Horwitz (1990) lors de ses expériences ainsi que les conclusions auxquelles elle aboutit. Selon elle, l'échec dans l'apprentissage d'une langue étrangère est vraisemblablement attribuable à l'inquiétude (*anxiety*) alors que, pour Sparks et Ganschow, l'inquiétude serait, dans plusieurs cas, le symptôme d'un problème plus profond relié à l'apprentissage de la langue maternelle. Le débat reste donc ouvert.

Quand il s'agit de dresser un tableau objectif des caractéristiques des locuteurs en langues maternelle et étrangère, la difficulté est grande. C'est que la question est très vaste et embrasse un ensemble complexe de facteurs différents et d'intérêts parfois divergents d'un domaine à l'autre. Certaines pistes de recherche devraient être redéfinies et réorientées afin de permettre d'établir une correspondance entre quelques aspects importants en langue maternelle et étrangère. Nous pensons par exemple à la recherche sur le style des enseignants en langue maternelle qui pourrait être poussée davantage et servir alors d'amorce à une étude en langue étrangère.

Malgré ces lacunes, plusieurs résultats de recherches sont déjà là, en particulier en ce qui concerne les caractéristiques de l'auditeur, les connaissances antérieures et le niveau de compétence linguistique, et ces données, quelquefois un peu éparses, laissent malgré tout présager des perspectives intéressantes pour l'avenir.

■ ESSAI DE SYNTHÈSE

TABLEAU 4

Les caractéristiques des interlocuteurs*

	Études	Résultats (variables étudiées en interaction avec la compréhension)	
La recherche en langue maternelle Les caractéristiques du locuteur	Boyle (1984)	• habileté langagière • prestige • personnalité	rôle déterminant dans l'activité de compréhension
	Leech (1983)	• connaissance des règles socioculturelles : effets positifs sur la compréhension	
	Brown et Bakhtar (1983)	• style des locuteurs (enseignants) ; classification en 5 catégories : – visuel – exemplatif – amorphe – éclectique – orienté vers l'oral	variables susceptibles d'affecter la compréhension
Les caractéristiques de l'auditeur	Anderson (1977), Stein (1986)	• connaissances antérieures : rôle important dans l'activité de compréhension	

LES CARACTÉRISTIQUES DES INTERLOCUTEURS

	Études	Résultats (variables étudiées en interaction avec la compréhension)	
	Heyman (1986)	compétence linguistique : rôle important dans l'activité de compréhension	
	Watson et Smeltzer (1984)	• condition physique • intérêt pour un sujet	variables susceptibles d'affecter la compréhension
	Samuels (1984)	• niveau d'instruction • intelligence	
	Carroll (1977)	• motivation	
	Wolvin et Coakley (1985)	• culture	
La recherche en langue étrangère	Beebe (1985)	• personnalité : affecte la compréhension du message	
Les caractéristiques du locuteur	Markham (1988)	• sexe : affecte la compréhension du message *résultats à interpréter avec prudence*	
Les caractéristiques de l'auditeur	Faerch et Kasper (1986); Hammadou (1990); Rader (1990); Feyten (1991); Schmidt-Rinehart (1994)	• niveau de compétence langagière : rôle important dans l'activité de l'auditeur de compréhension	
	Call (1985)	• capacité de la mémoire à court terme plus limitée en L2 : effets négatifs sur la compréhension *résultat controversé par plusieurs chercheurs* ▲	

■ ESSAI DE SYNTHÈSE

Études	Résultats (variables étudiées en interaction avec la compréhension)	
Les caractéristiques de l'auditeur	O'Malley et al. (1989); Cohen (1990)	• degré d'attention
	Fujita (1984)	• affectivité — variables susceptibles d'affecter la compréhension
	Aneiro (1989)	• appréhension
	Seright (1985)	• âge
	Rebuffot (1993) (recension des écrits)	*mise en garde sur le rôle de la variable âge*
	Boyle (1987); Markham (1988); Feyten (1991); Bacon (1992)	• sexe — *aucun résultat vraiment significatif*
	Long (1990); Schmidt-Rinehart (1994); Chiang et Dunkel (1992); Markam et Latham (1987)	• connaissances antérieures (schèmes) : rôle important dans l'activité de compréhension
	Sparks et Ganschow (1993)	• difficultés langagières en langue maternelle : variables susceptibles d'affecter la compréhension

* Étant donné que certaines études ont été présentées de façon assez succincte dans cet ouvrage (ou par les chercheurs eux-mêmes), nous nous contentons ici, et dans les tableaux suivants, de ne donner que les éléments les plus importants de la recherche.

CHAPITRE 5

Les caractéristiques textuelles

Dans le présent chapitre, nous aimerions donner un aperçu des études portant sur les caractéristiques textuelles. Ces recherches se subdivisent en cinq grandes parties :

1. les études portant sur le débit, les pauses et les hésitations ;
2. les études portant sur le décodage auditif, la segmentation des énoncés et l'apport de la perception de l'accent ;
3. les études portant sur les modifications morphologiques et syntaxiques, incluant les reformulations ;
4. les études portant sur les types de textes, accompagnés ou non de support visuel ;
5. les études portant sur les tâches.

LE DÉBIT, LES PAUSES ET LES HÉSITATIONS

Parmi les variables textuelles, trois jouent un rôle important en compréhension de l'oral : la vitesse de déroulement du texte ou le débit, les pauses et les hésitations (Griffits, 1990). Examinons tout d'abord les recherches en langues maternelle et étrangère menées du point de vue de ces trois variables.

■ ESSAI DE SYNTHÈSE

La recherche en langue maternelle

LE DÉBIT

Notons tout d'abord que les travaux ont porté sur trois grands types de tâches : 1) la compréhension d'un message et sa rétention en vue d'une utilisation éventuelle (*comprehensive listening*); 2) la réception et la rétention de quelques éléments d'information sur une courte période de temps, généralement inférieure à 40 secondes (*short-term listening*); 3) l'interprétation d'un message, en quelque sorte pouvoir « écouter entre les lignes » en mettant en œuvre la stratégie de l'inférence (*interpretive listening*). Quel est l'effet du débit sur ces différentes tâches de compréhension ?

Wolvin et Coakley (1985) remarquent que la plupart des recherches ont porté sur la compréhension d'un message et sa rétention en vue d'une utilisation éventuelle. En ce qui concerne ce type de tâche, et pour la plupart des chercheurs, la compréhension serait bonne lorsque la vitesse de déroulement du texte en langue maternelle se situe aux alentours de 165 à 180 mots par minute (Rubin, 1994). Or, plusieurs expériences ont montré qu'une accélération du débit (jusqu'à 250 à 275 mots par minute) a peu d'effet sur la compréhension du message (Foulke et Sticht, 1969; Wolvin et Coakley, 1985). D'autres recherches empiriques menées sur ce même type de tâche montrent pourtant que la compréhension diminue lorsqu'on augmente le débit même légèrement, ou de façon modérée (Rossiter, 1974; Behnke et Beatty, 1977).

Dans les circonstances, il faudrait donc faire preuve de prudence concernant les seuils de débit proposés par certains chercheurs, c'est-à-dire la vitesse à laquelle la compréhension commence à diminuer rapidement (par exemple, à plus de 275 mots par minute).

Dans le deuxième type de tâche se rapportant à la rétention de quelques éléments d'information sur une courte période de temps, on remarque que la compréhension n'est pas vraiment affectée lorsque le débit augmente, jusqu'à une compression de temps égale à 60 % (Murdock, 1962; Waugh ,1970). De fait, la mémoire à court terme conserve aisément quelques éléments d'information pendant une période de 20 à 30 secondes en moyenne, ces éléments restant alors facilement accessibles (Baddeley, 1986).

Pour le troisième type de tâche, l'interprétation d'un message, on enregistre également peu de changements au plan de la compréhension lorsque le débit se fait plus rapide, jusqu'à une compression de temps égale à 60 % (Wheeless, 1971; Schinger *et al.,* 1983; cités par King et Behnke, 1989). En guise d'explication, les chercheurs signalent qu'il n'est pas vraiment nécessaire de se concentrer d'une façon intense sur chaque mot d'un texte pour porter un jugement sur sa signification globale ou sur l'attitude ou l'intention de l'auteur, car les indices non verbaux, par exemple le ton, facilitent la tâche de l'auditeur.

King et Behnke (1989), qui ont soumis 120 étudiants d'université à ces trois types de tâche de compréhension, ont également noté qu'un débit plus rapide a plus d'effet sur le premier type de tâche que sur les deux autres, la compréhension diminuant progressivement à mesure que la compression augmente. Cette constatation va à l'encontre des résultats des premières expériences menées par Foulke et Sticht (1969) et de ceux plus récents obtenus par Wolvin et Coakley (1985).

Sans vouloir dénier l'importance de ces travaux, King et Behnke (1989) attirent néanmoins notre attention sur les méthodes utilisées par les chercheurs durant leurs expériences, par exemple le recours à des tests non standardisés. L'épineuse question de méthode expliquerait, selon eux, les écarts que l'on enregistre d'une expérience à l'autre.

Si la nature des tâches de compréhension joue un rôle déterminant au regard du débit, il faut aussi compter avec les types de textes que l'on retrouve dans la vie courante et qui s'actualisent par différents modes d'organisation. À cet égard, Tauroza et Allison (1990), qui ont comparé la vitesse normale d'écoute pour quatre types de texte chez des auditeurs anglophones, ont enregistré les moyennes suivantes : 160 à 190 mots par minute pour des documents radiophoniques et des entrevues, contre 210 mots pour des conversations et 140 mots pour des conférences.

D'un autre point de vue, certains chercheurs remettent en cause la variable « mots par minute » en suggérant qu'elle soit remplacée par le nombre de syllabes par seconde, étant donné que les mots sont de longueur variable et que les mesures prises peuvent varier considérablement d'un type de texte à un autre, par exemple, d'une conférence à un simple échange langagier (Tauroza et Allison, 1990).

Vanderplank (1986, 1993), qui a mené des études dans le domaine de la compréhension auprès d'auditeurs natifs anglophones et d'apprenants en anglais langue étrangère, souligne, quant à lui, que ni la variable « mots par minute » ni celle du nombre de syllabes par seconde ne sont satisfaisantes car elles ne permettent pas de tenir compte du rôle de l'accent (*stress and rhythmic patterning*). Nous aurons l'occasion de revenir sur ses travaux lorsque nous aborderons la question du décodage auditif.

LES PAUSES ET LES HÉSITATIONS

Les pauses faciliteraient la compréhension de deux façons : en ménageant du temps pour le traitement de l'information et, également, en permettant de regrouper les unités en constituants (par exemple : la porte est fermée/il n'y a personne ici).

Les expériences menées par Aaronson (1967), Graham (1974) et Chodorow (1979) montrent que des pauses plus longues ont un effet positif sur la compréhension. Plusieurs chercheurs (Boomer, 1965 ; Ruder et Jenson, 1972) ont également constaté que les pauses permettaient de découper le texte en constituants et jouaient le rôle de signes de ponctuation, facilitant ainsi la compréhension. Or, après un examen attentif et systématique de la recherche portant sur cet aspect, Clark et Clark (1977) signalent que les chercheurs n'ont pas vraiment démontré que la segmentation du texte en constituants aidait en quelque façon les auditeurs.

Les hésitations, qui regroupent les pauses que l'on peut remplir (par exemple, avec des interjections comme « Bof ! ») et les faux départs, ont été étudiées à partir de corpus et classifiées comme bonnes ou mauvaises selon qu'elles aident ou nuisent à la compréhension (Grosjean, 1980 ; cité par Griffits, 1991). Les analyses spectrographiques ont permis de mesurer leur durée moyenne et leur seuil, c'est-à-dire la durée minimale d'une pause. À cet égard, Griffits (1991) établit un point critique de trois secondes. Au-delà de cette durée, il s'agit pour lui d'un arrêt et non plus d'une pause.

Malgré le nombre des travaux portant sur ces trois variables textuelles, il existe encore tout un domaine de recherche qu'il faudrait continuer à explorer, ne serait-ce que pour mieux délimiter les seuils de débit d'un type de texte ou pour mieux comprendre le rôle joué par les pauses.

La recherche en langue étrangère

LE DÉBIT

Comme le note Griffits (1991), une des premières références au débit que l'on retrouve dans les écrits sur l'enseignement et l'apprentissage des langues est celle de Mackey (1965 ; cité par Griffits) qui, citant une recherche de Stack (1960), laisse entendre que des débits de cinq syllabes par seconde et de 10 à 12 syllabes par seconde pourraient être des vitesses normales d'écoute pour des apprenants respectivement débutants et avancés.

Hatch (1979; cité par Griffits, 1991), en établissant des comparaisons entre le langage de l'enfant et celui de l'apprenant en langue étrangère, émet l'hypothèse qu'un débit lent devrait favoriser la compréhension chez ce dernier. En poursuivant sa recension des écrits concernant le débit (Dudley-Evans et Johns, 1981; Rivers, 1981; Ellis, 1986; Klein, 1986), Griffits (1991) souligne qu'aucune de ces tentatives, du moins celles qui furent menées avant 1989, n'apporte de réponse satisfaisante à la question du débit des textes dans la pédagogie de la compréhension (« [...] *on a fundamental issue such as recommending rates of delivery to language teachers, L2 research prior to 1989 had nothing to say*] », p. 359-360).

À partir de 1989, pourtant, plusieurs travaux d'envergure (Conrad, 1989; Blau, 1990; Griffits, 1990, 1992, pour ne citer que les principaux) sont entrepris dans le but d'apporter quelques éléments de réponse aux questions théoriques et pratiques que pose la relation entre le débit et la compréhension. En voici un aperçu.

Dans une expérience en anglais langue étrangère menée auprès de 28 étudiants d'université, polonais, répartis en deux groupes de niveaux intermédiaire et avancé d'après les résultats obtenus à un test d'anglais (Michigan State University, *English Language Exam*), Conrad (1989) a constaté que le rappel immédiat de 16 phrases simples en anglais était fonction de la vitesse de déroulement du texte et de la compétence des apprenants. Ainsi, lorsque la vitesse augmente de 44 % (ce qui répond à un débit de 320 mots par minute), les avancés obtiennent un score de 27 %, contre 11 % pour les intermédiaires, en ce qui a trait au rappel de ces phrases. Lorsque la vitesse diminue de 29 %, les scores s'améliorent et s'établissent alors respectivement à 49 % et à 23 % quant au rappel de ces mêmes phrases, pour ces deux niveaux de compétence en anglais langue étrangère.

Blau (1990), pour sa part, n'a pas constaté de différence vraiment significative dans la compréhension de 18 textes, enregistrés également à vitesse variable (d'abord à 145 et 170 mots par minute et ensuite à 200 et 185 mots par minute). Notons que 72 étudiants polonais et 100 étudiants portoricains de différents niveaux de compétence en anglais langue étrangère avaient participé à cette expérience. Comme le souligne à juste titre Chaudron (1995), les écarts de vitesse entre les deux expériences (d'une part 25 mots et d'autre part 15 mots) étaient vraiment faibles et, dans ces circonstances, il était peut-être difficile de pouvoir démontrer que le débit affectait la compréhension. Néanmoins, Blau (1990) souligne (à tort ou à raison?) que les enseignants ne devraient pas se préoccuper plus qu'il ne faut du débit. Pour elle, seuls les apprenants qui ont une compétence langagière très limitée, en tout début d'apprentissage, profiteraient d'un débit plus lent.

Rader (1990) en arrive aux mêmes conclusions après avoir étudié les effets de variations de débit avec 90 étudiants d'université anglophones inscrits à des cours d'espagnol. Fait intéressant, les sujets ayant écouté les textes de type narratif utilisés lors des expériences, textes qui se déroulaient à une vitesse normale (155 mots par minute), se sont souvent plaints de la rapidité du débit. Pourtant, dans les faits, ils ont bien surmonté cette difficulté et leurs résultats aux tests de compréhension étaient comparables à ceux d'apprenants qui avaient écouté ces textes à des vitesses plus réduites (119 et 108 mots par minute). Rader attribue ces résultats à la difficulté des textes et au fait que les sujets n'avaient pas été suffisamment exposés à des activités d'écoute de textes authentiques et que les rappels n'ont pas été produits immédiatement après l'écoute. Néanmoins, elle recommande aux enseignants de ne pas ralentir leur débit lorsqu'ils s'adressent à leurs élèves, mais de continuer de leur parler à une vitesse normale.

Griffits (1990, 1992) a pourtant constaté qu'un débit plus lent (entre 2 et 2,5 syllabes par seconde, ou encore 100 à 125 syllabes par minute) permettait d'améliorer de beaucoup la compréhension de textes de type narratif (*stories*) chez des apprenants adultes de niveau intermédiaire faible.

LES PAUSES ET LES HÉSITATIONS

Comme nous venons de le voir dans les lignes qui précèdent, de l'avis de Blau (1990), le débit n'affecterait pas vraiment la compréhension. En revanche, les pauses d'une durée de trois secondes, qui segmentent le texte en constituants, seraient une aide précieuse pour la compréhension orale.

Encore une fois, Griffits (1991) nous met en garde contre les expériences menées dans ce domaine. Selon lui, les travaux produits ne permettent pas de prendre de position ferme au sujet de l'utilité réelle des pauses, malgré quelques indications selon lesquelles les hésitations ou certains types de pause (*filled pauses*) seraient des sources permanentes d'erreur pour l'apprenant en langue étrangère.

Quelle est donc l'influence réelle du débit sur la compréhension ? Rien n'indique encore avec certitude qu'il existerait des seuils à ne pas franchir. Comme nous venons de le voir, la question des pauses et des hésitations n'est pas davantage réglée. En conséquence, en langue étrangère comme en langue maternelle, il reste ⁻¹¹ence, en langue étrangère comme en langue maternelle, il reste ;aucoup de travail à faire dans le domaine de ces trois ;.

LE DÉCODAGE AUDITIF

Dans cette partie consacrée au décodage auditif, nous examinerons d'abord les recherches en langue maternelle portant sur l'apprentissage de l'écoute chez l'enfant, nous verrons ensuite quel est le rôle joué par les faits segmentaux et suprasegmentaux. Les études empiriques en langue étrangère, que nous rapporterons dans la deuxième partie, sont encore peu nombreuses étant donné que la composante phonétique a longtemps été perçue comme un aspect marginal dans l'enseignement d'une langue étrangère. On considère aujourd'hui comme un fait établi que des difficultés à communiquer oralement en langue étrangère sont liées à des problèmes d'apprentissage de faits phonétiques.

La recherche en langue maternelle

L'APPRENTISSAGE DE L'ÉCOUTE CHEZ L'ENFANT

Comment les mécanismes nécessaires pour communiquer verbalement s'installent-ils chez l'enfant ? Lhote (1995) explique qu'à la naissance un enfant est prêt à entendre n'importe quelle langue. Un bébé apprend à écouter en reconstituant des formes sonores à partir de ce qu'il entend et de ce qu'il voit (les mimiques, comme le froncement de sourcils, le pincement des lèvres, les gestes, etc.). Par un processus d'ajustements progressifs, il adapte également ce qu'il est capable de produire à ce qu'il entend. « L'enfant construit son écoute sans y prêter attention » (p. 24). Il apprend petit à petit à entendre, à reconnaître et à comprendre le même sens exprimé par des énoncés toujours un peu différents et prononcés par les personnes de son entourage.

L'activité de segmentation des unités comme les mots, les syllabes, les phonèmes provenant du flux acoustique est cruciale pour la compréhension. Cette segmentation se fait de façon naturelle dans l'apprentissage de la langue maternelle ou de la langue étrangère, lorsque les apprenants sont de jeunes enfants (en ce qui a trait à la langue étrangère, on pourra consulter l'étude de Huang et Hatch, « A chinese child's acquisition of English », 1978. Mais ce n'est plus le cas lorsqu'on a affaire à des adolescents ou à de jeunes adultes qui ont déjà acquis des habitudes perceptives dans leur langue maternelle.

Par ailleurs, l'enfant est très sensible aux changements d'intonation qui rendent compte de l'attitude de l'interlocuteur à son égard. Il reconnaît assez vite (vers l'âge de deux ans) deux variantes intonatives d'un même énoncé. Il peut ainsi assez bien capter, par le ton de la voix, deux messages illustrés par un même énoncé. Par exemple, il n'aura pas de difficulté à interpréter l'énoncé « Tes jouets ! » comme « Fais attention à tes jouets ! » ou « Que tu aimes tes jouets ! », « Que tu aimes t'amuser ! ».

Avec le temps et l'apprentissage, l'enfant construira « un comportement d'écoute » (p. 23) qui lui est propre et qui intégrera de nombreuses variantes langagières et individuelles dépendant du milieu dans lequel il vit, de sa culture, etc.

LES FONCTIONS DÉMARCATIVES DES FAITS PHONÉTIQUES

Avant d'aborder la recherche portant sur le décodage auditif, et plus particulièrement sur les fonctions des faits phonétiques, nous aimerions rappeler ce que l'on entend par faits segmentaux et suprasegmentaux.

On englobe sous le terme « faits segmentaux » les voyelles et les consonnes. Les voyelles se distinguent phonétiquement des consonnes en ce que la colonne d'air ne rencontre pas d'obstacle dans l'émission des premières, et qu'un obstacle se forme dans le cas des secondes. Par ailleurs, les voyelles sont perçues comme stables, alors que les consonnes subissent plus facilement l'influence d'autres sons qui entrent en contact avec elles. Les « faits suprasegmentaux », quant à eux, regroupent des éléments comme l'intonation, l'accent et le rythme.

Les faits segmentaux et suprasegmentaux jouent un rôle important dans le décodage auditif en signalant, entre autres, les frontières entre les mots, les syntagmes, ou en mettant en relief un élément dans un énoncé, etc., comme nous allons le voir dans les quelques études reconnues que nous rapportons ici.

Comme nous l'avons vu dans le chapitre consacré aux modèles, la réception de la parole analysée du point de vue de la théorie du traitement de l'information se fait en une série d'étapes où l'on passe d'un niveau sensoriel à un niveau cognitif. Ainsi, l'oreille (externe, moyenne et interne) capte le flux sonore et en extrait des indices acoustiques pertinents, transmis à leur tour à la mémoire qui continue le traitement de l'information pour en arriver à une représentation mentale signifiante. La transformation des sons en éléments de signification (à partir de modèles ascendant ou descendant) s'appuie sur la différenciation hémisphérique du cerveau. En effet, l'hémisphère droit est plus spécialisé dans le traitement de la musique, de l'intonation, des émotions alors que le gauche traite surtout les éléments linguistiques, phonétiques et cognitifs du langage. Les deux hémisphères fonctionnent toutefois en étroite relation et se rendent mutuellement service, par exemple, en compensant en cas d'insuffisance de l'un d'eux (Lhote, 1995).

Que perçoivent les auditeurs d'un texte ? Les chercheurs s'entendent d'habitude pour dire que le locuteur natif perçoit des mots (Rubin, 1994). La reconnaissance des mots s'effectuerait selon un processus d'activation de mots possibles, à partir des premiers sons entendus, suivi par une élimination des mots incompatibles dans l'environnement linguistique (modèle de Marslen-Wilson, 1989 ;

cité par Lhote, 1995). Ainsi, lorsqu'on entend la syllabe « me... », on va retenir le mot « mémoire » et rejeter « méthode », « métier », etc., si ces deux derniers mots n'ont aucune vraisemblance dans l'information sensorielle transmise.

Champagne-Muzar (1992), s'appuyant sur la recherche menée dans le domaine, note que plusieurs segmentaux (c'est-à-dire des voyelles et des consonnes) joueraient le rôle de frontières démarcatives entre les mots; il s'agit, par exemple, des occlusives glottales ([k], [g] en français) et des sons laryngiens à l'initiale d'une syllabe (comme dans « *hot* », en anglais, prononcé avec le coup de glotte). Mais il est difficile de déterminer avec précision les faits segmentaux jouant le rôle de frontières, étant donné qu'ils sont tributaires de nombreuses variables, entre autres, le débit, l'environnement phonétique, etc.

Les suprasegmentaux (l'intonation, l'accent et le rythme) participent aussi au processus de reconnaissance des mots. C'est ainsi que l'accent qui met en relief certaines syllabes initiales ou finales tient aussi le rôle de frontière démarcative. C'est le cas en particulier pour le français.

L'accent et l'intonation servent également à établir des frontières entre les syntagmes. Ainsi, l'accent et l'intonation ont une fonction démarcative passive, dans le cas où la structure syntaxique est porteuse de la charge intonative (par exemple : « Vas-tu lui répondre ? »), ou une fonction démarcative active lorsqu'ils signalent la présence ou l'absence de relations syntaxiques : « Pierre était là, Jacques travaillait, je ne faisais rien », « Tu te reposes, je travaille » (Hazaël-Massieux et Hazaël-Massieux, 1978; Rossi, 1985; cités par Champagne-Muzar, 1992, p. 161). Notons que, dans le premier exemple, l'intonation permet de percevoir plus facilement que l'on a affaire à une énumération, alors que dans le deuxième cas elle signale une rupture ou une opposition entre les deux syntagmes.

Plusieurs recherches montrent aussi que les suprasegmentaux sont de bons indicateurs de frontières phrastiques (Grosjean, 1983; Berkovits, 1984) et textuelles (Kreiman, 1982) entre les paragraphes. Ce faisant, les suprasegmentaux facilitent le traitement de l'information sur le plan du regroupement des éléments dans la mémoire à court terme, laquelle peut alors les acheminer normalement vers la mémoire à long terme (Glanzer, 1976; Cutler, 1986).

LES AUTRES FONCTIONS

Les suprasegmentaux (intonation, variations mélodiques) guident l'auditeur dans la reconnaissance des voix et l'aident ainsi à isoler plus facilement un message précis (Barry, 1981). Outre cette fonction de guide, ils sont aussi fort utiles pour mettre en relief un ou plusieurs éléments dans un énoncé, par exemple, le connu (le thème) par rapport à de nouvelles informations. Cette fonction contrastive est attestée dans plusieurs études en anglais et en français langues maternelles (pour une recension des écrits sur la question, on pourra consulter Champagne-Muzar et Bourdages, 1993).

La modalité des énoncés (modes interrogatif, déclaratif) est aussi déterminée par l'intonation, par exemple : « Il est ici. » (inflexion mélodique descendante) et « Il est ici ? » (inflexion mélodique montante). Certains auteurs notent que les suprasegmentaux donnent des indications précieuses sur les sentiments ressentis par le locuteur (Léon, 1970) ou encore sur des caractéristiques sociales comme l'âge ou l'appartenance à une classe donnée (Crystal, 1975). Enfin, les suprasegmentaux serviraient à reconnaître différents types de discours, comme le langage religieux qui peut se distinguer, entre autres, par certains écarts mélodiques.

La recherche en langue étrangère

Un bref retour sur l'enseignement des langues étrangères aux cours des vingt-cinq dernières années montre clairement que la composante phonétique a été quelque peu négligée. Parmi les raisons qui expliqueraient ce rôle plutôt effacé, on indique des éléments de tous ordres qui vont de « l'incapacité de l'adulte d'acquérir une maîtrise des habitudes articulatoires et prosodiques d'une langue étrangère... » (Champagne-Muzar, 1992, p. 152) à l'absence de formation des professeurs, ou encore à la philosophie de l'approche communicative, qui se préoccupait très peu de phonétique dans les programmes d'études, le matériel didactique ou les programmes de formation des maîtres. Or, comme le fait remarquer LeBlanc (1986, p. 20), ce sont « les lacunes importantes dans les fondements de l'enseignement — apprentissage des langues secondes » qui sont les grandes responsables de cet état de fait.

L'APPORT DES FAITS PHONÉTIQUES À LA COMPRÉHENSION

Qu'en est-il des études menées en langue étrangère ? Il convient de rappeler que si les recherches demeurent encore peu nombreuses, on ne remet plus en question l'apport des faits phonétiques à l'habileté de compréhension orale. Ainsi, les expériences de LeBlanc (1986) auprès de débutants montrent le lien étroit existant entre l'introduction d'une pratique phonétique et le développement de la compréhension orale. L'étude menée par Champagne-Muzar (1992) auprès d'apprenants débutants confirme également qu'une pratique phonétique améliore la compréhension orale en favorisant le développement de l'habileté à segmenter. Dejean de la Bâtie (1993 ; cité par Rubin, 1994), qui a examiné comment les apprenants débutants abordent des tâches de compréhension orale, indique que leurs difficultés de compréhension sont en grande partie attribuables au manque de pratique phonologique et phonétique. Elle souligne que l'analyse prosodique et la pratique d'exercices de phonétique pourraient aider les apprenants dans leur démarche de décodage du sens.

LES DIFFICULTÉS PARTICULIÈRES

Les sons qui entrent en contact les uns avec les autres dans la chaîne sonore subissent des influences dues à ces contacts. Ces influences peuvent se traduire par des contractions, des liaisons, des élisions, etc., qui rendent plus difficiles la délimitation des frontières entre les mots et, par conséquent, le décodage du message. Les apprenants qui ont atteint un très bon niveau de compétence en langue étrangère savent surmonter ces difficultés particulières, mais les néophytes sont pris au dépourvu devant ces modifications phonologiques et grammaticales. C'est ce que révèlent les expériences menées par Dejean de la Bâtie. Mais, étant donné que celles-ci ont porté sur des phrases isolées, il faudrait entreprendre d'autres études où l'on utiliserait des contextes plus naturels.

Pour Vanderplank (1986), la perception de l'accent (la mise en relief de certaines parties de la chaîne sonore) est un facteur important qui favorise une entrée rapide et efficace dans le texte. Une expérience menée avec des locuteurs natifs anglophones et des apprenants en anglais langue étrangère a mis en évidence que les locuteurs natifs repéraient assez facilement la place de l'accent dans les énoncés, alors que seul un petit nombre d'apprenants en langue étrangère étaient capables de le faire, cette habileté ne dépendant nullement de leur niveau de compétence en anglais. Selon le chercheur, d'autres expériences seraient toutefois utiles pour confirmer le lien entre la perception de l'accent et le développement de la compréhension orale.

Comme le souligne Lhote (1995, p. 28), « on n'entend et on ne reconnaît que ce qu'on a l'habitude d'entendre et de reconnaître ». Chaque langue possède un système de sons, un rythme et une intonation qui lui sont propres et on néglige souvent de faire le lien entre des difficultés d'écoute ou d'expression en langue étrangère et la méconnaissance de ces traits.

Si l'on s'en tient aux études recensées ici, il y a donc lieu de croire que les phénomènes phonétiques contribuent à la compréhension.

Ce qu'il reste à faire, c'est de poursuivre les études empiriques pour mieux préciser ces liens et, par la même occasion, apporter d'autres données susceptibles d'éclairer les didacticiens quant à la question de l'intégration d'une pratique phonétique et, plus précisément, quant aux types d'exercices qu'il conviendrait de proposer aux apprenants des cours axés sur la compréhension.

LES MODIFICATIONS MORPHOLOGIQUES ET SYNTAXIQUES

Dans le but de faciliter la compréhension des textes, les chercheurs ont étudié certaines variables qui pourraient agir sur le niveau de difficulté d'un texte, entre autres, le vocabulaire, la syntaxe et les articulateurs. À partir de quelques études récentes, nous allons essayer de mieux comprendre la pertinence de ces ajustements linguistiques, au regard du niveau de difficulté des textes.

La recherche en langue maternelle

Les mots fréquents, familiers, sont plus faciles à reconnaître (Morton *et al.*, 1985 ; Aitchison, 1987). C'est ainsi qu'un auditeur qui parvient à isoler des éléments lexicaux, même si les relations grammaticales sont quelque peu difficiles à établir, pourra dans bien des cas reconstruire le sens propositionnel d'un énoncé (Schlessinger, 1977).

Une syntaxe complexe utilisant des enchâssements et de nombreux articulateurs logiques, plus caractéristique de la langue écrite, peut limiter grandement la capacité de comprendre un texte (Marslen-Wilson et Tyler, 1980). On préférera donc moins de subordonnées, des articulateurs plus courants du type de ceux qui sont utilisés en langue parlée, comme *mais* ou *et*, par opposition à certaines constructions plus complexes, comme *en dépit de*, *bien que*.

Pour certains chercheurs, toutefois, la difficulté d'un texte ne peut être entièrement déterminée par ces critères. Les expériences démontrent en effet qu'un texte vivant, intéressant est toujours plus facile à comprendre, indépendamment des difficultés lexicales ou syntaxiques (de Beaugrande, 1980; Brown et Yule, 1983).

La recherche en langue étrangère

Dans le domaine de la langue étrangère, on s'intéresse également depuis une quinzaine d'années à ces modifications lexicales ou syntaxiques, aux articulateurs, enfin à plusieurs éléments qui pourraient avoir des incidences sur le niveau de difficulté d'un texte.

Les observations effectuées portent, comme pour la langue maternelle, sur des textes qui ont été préalablement modifiés avant de les utiliser dans des activités de compréhension, mais également sur les échanges entre locuteurs natifs et interlocuteurs en langue étrangère, par exemple, entre des professeurs de langue étrangère et leurs apprenants. Durant l'interaction verbale, le locuteur natif essaie, en quelque sorte, de se mettre au diapason linguistique de ses interlocuteurs en langue étrangère, en sélectionnant des formes simplifiées pour accomplir des fonctions langagières bien précises. Mais n'existe-t-il pas un danger de s'en tenir à ces formes simplifiées et finalement peu réelles? Voici un compte rendu de quelques études portant sur des textes préalablement modifiés ainsi que sur des textes spontanés de type conversationnel où les modifications linguistiques se négocient au fur et à mesure de l'échange langagier.

LES TEXTES PRÉALABLEMENT MODIFIÉS

Un certain nombre d'études ont montré que la redondance, c'est-à-dire la répétition de mots, de parties d'énoncés, jouait un rôle assez important en compréhension orale (Cervantes, 1983; Chaudron, 1983; Long, 1985; cités par Chaudron et Richards, 1986). Pour sa part, Kelch (1985), qui a analysé les effets de modifications lexicales (remplacement de mots peu fréquents par des synonymes) et syntaxiques (remplacement d'énoncés par des paraphrases) avec

26 étudiants japonais, chinois et espagnols de niveau intermédiaire en anglais langue étrangère, n'a pas noté d'amélioration de la compréhension. En revanche, en ajoutant à ces modifications un débit plus lent dans le déroulement du texte informatif, donné en dictée aux mêmes apprenants, leur capacité de compréhension augmentait de façon significative.

Dans une expérience récente, menée avec 388 étudiants chinois de niveaux intermédiaires fort et faible en anglais langue étrangère, Chiang et Dunkel (1992) ont montré que la répétition de déterminants et de substantifs, de même que l'utilisation de paraphrases et de synonymes contribuaient à l'amélioration de la compréhension, en particulier au niveau intermédiaire fort. Par contre, la redondance peut aussi concourir à rendre un texte plus difficile pour des apprenants en début d'apprentissage qui doivent alors traiter davantage d'informations au moyen de ressources linguistiques souvent fort limitées (Lynch, 1984; Schmidt-Rinehart, 1993; cités par Rubin, 1994).

L'ordre des mots, la place de la phrase clé dans un paragraphe exercent une influence sur la compréhension. À partir de 36 textes courts, la plupart de type narratif, Glisan (1985) a en effet montré que certaines constructions syntaxiques étaient plus complexes que d'autres pour des apprenants en langue étrangère, du fait qu'elles n'existent pas ou sont plus rares dans leur langue maternelle. C'est ce que l'on constate en particulier pour le type de phrase verbe-sujet-objet, qui existe en espagnol mais pas en anglais, et pose donc un certain nombre de difficultés aux anglophones apprenant l'espagnol, même s'ils sont d'un niveau avancé, comme c'était le cas dans l'expérience de 1985. Il est donc important de sensibiliser les apprenants à ces constructions qu'ils n'ont pas eu l'occasion de rencontrer en langue maternelle.

Les résultats de cette même expérience ont également montré que dans un paragraphe, une phrase clé était mieux retenue en position finale qu'en position initiale ou médiane. Comme le suggère Glisan, il serait fort utile de sensibiliser les apprenants aux traits syntaxiques de la langue étrangère qui n'existent pas dans leur langue maternelle, pour que la tâche soit moins ardue lorsqu'ils les rencontrent dans un texte. L'enseignant devrait également apprendre aux élèves à mieux prêter attention aux informations placées en position initiale ou médiane dans un paragraphe.

Pour leur part, Chaudron et Richards (1986) ont mené une expérience intéressante en montrant que certaines marques linguistiques assurant la cohésion (les micromarqueurs ou liens entre les phrases ou parties de phrase) et la cohérence textuelle (les macromarqueurs ou liens entre les parties du discours) facilitaient la compréhension orale d'un exposé préparé à partir d'un document écrit. Dans le cadre de cette expérience conduite à Hawaii avec 152 apprenants en anglais langue étrangère, en majorité asiatiques, les chercheurs ont constaté que l'ajout de micromarqueurs, comme *then, because, but, well*, etc., et de macromarqueurs, comme *what I'm going to talk about, let's go back to*, etc., facilitaient l'appréhension de ce type d'exposé qui, en général, contient peu de marqueurs.

En s'appuyant sur la recherche menée dans le domaine, Oxford (1990) a proposé une liste d'indices linguistiques qui aident l'apprenant en langue étrangère à inférer le sens du texte qu'il écoute. Parmi ces indices, on retrouve les préfixes, les suffixes, les congénères, l'ordre des mots, les micromarqueurs comme *premièrement, deuxièmement*, et les macromarqueurs comme *maintenant, nous allons parler de, jusqu'à maintenant nous avons vu, en résumé*, etc.

Bien entendu, ces modifications lexicales ou syntaxiques n'ont pas la faveur de tous, même si les textes, une fois simplifiés, sont mieux adaptés à certains niveaux de compétence linguistique. Scarcella et Oxford (1992), qui ont dressé une liste des avantages et des inconvénients de cette technique, soutiennent qu'il est bien de rassurer l'élève en début d'apprentissage mais que, par la suite, le recours continu à ce type de texte est à éviter en compréhension orale. Quelles raisons invoquent-ils ? Les textes simplifiés ne préparent pas convenablement à comprendre un échange langagier authentique, ce qui déclenche alors chez les apprenants des sentiments de frustration, voire de colère lorsqu'ils se trouvent en situation réelle de communication.

LES TEXTES SPONTANÉS DE TYPE CONVERSATIONNEL

On parle de communication *exolingue* quand les partenaires d'un échange verbal ne maîtrisent pas de la même façon le code linguistique utilisé dans l'échange (Porquier, 1984). C'est la situation que l'on rencontre avec des interlocuteurs de langues maternelles différentes. L'échange se fait souvent dans l'une des langues, ce qui entraîne une relation d'inégalité pour l'étranger qui communique dans une langue étrangère. Le locuteur natif, quant à lui, saisit souvent rapidement les difficultés linguistiques de son interlocuteur et réorganise en conséquence sa fonction d'écouter ou de parler, comme nous allons le voir dans les lignes qui suivent. Il arrive également que le locuteur natif poursuive la conversation dans la langue maternelle de son interlocuteur, comme cela se produit souvent dans un milieu bilingue. L'étude de Neufeld (1980) révèle en effet que, dans un milieu bilingue, la détection d'un accent amène le système d'aiguillage (*code switching mechanism*) du sujet bilingue à s'adapter à son interlocuteur en changeant de code linguistique ou de langue.

Les adaptations linguistiques que fait le locuteur natif qui s'adresse à des interlocuteurs dans leur langue étrangère ont été aussi fréquemment étudiées (Henzl, 1975, 1979 ; Gaies, 1977 ; cités par Kelch, 1985). Ainsi, Henzl (1979) a montré que les professeurs de langues utilisent des phrases plus courtes avec moins de subordonnées, qu'ils préfèrent souvent le présent à un autre temps de verbe et qu'ils font un usage fréquent de synonymes lorsque le vocabulaire présente des difficultés.

À l'occasion d'échanges entre des locuteurs de langue étrangère et des locuteurs de langue maternelle, Derwing (1989) a étudié la façon dont ces derniers essayaient d'adapter leur discours au niveau de leurs interlocuteurs de langue étrangère. En bref, l'expérience s'est déroulée comme suit : 16 locuteurs de langue anglaise ont été jumelés chacun avec un autre locuteur de langue anglaise et un locuteur de niveau intermédiaire faible en anglais langue étrangère. Ces 16 locuteurs ont visionné un court film qu'ils ont dû, par la suite, relater séparément à leurs deux partenaires. Les résultats de l'expérience, présentés en fonction de leurs implications pour la langue étrangère, montrent que l'usage de mots très usités facilite la compréhension des apprenants en langue étrangère, alors que les pauses nombreuses, c'est-à-dire un débit lent, semblent avoir un effet adverse. De la même façon, une abondance de détails contribue à augmenter la difficulté de la tâche pour ces mêmes apprenants, qui en viennent à ne plus savoir comment faire la part entre l'important et l'accessoire, c'est-à-dire comment arriver à départager les idées principales des idées secondaires.

À partir d'une étude sur le vocabulaire, conduite en anglais langue étrangère avec deux groupes d'apprenants japonais de niveaux intermédiaires fort et avancé, Ellis, Tanaka et Yamazaki (1994) ont démontré la supériorité d'activités de type interactionnel, plus précisément des échanges entre enseignants et apprenants où s'effectuent des ajustements linguistiques pour rendre un *input* compréhensible, par opposition à des tâches plus classiques de compréhension où l'élève répond à des questions sur des textes préalablement simplifiés. Les résultats de la recherche montrent non seulement que ces activités sont meilleures sur le plan de la compréhension, mais également sur celui de l'acquisition (« *interactio-*

nally modified input led to more new words being acquired than premodified input », p. 449). Fait intéressant, l'étude a également révélé que les apprenants ayant été très actifs dans la négociation du sens de mots nouveaux ne les avaient pas mieux compris que les élèves qui avaient été simplement exposés à certains ajustements linguistiques, et qu'ils n'avaient pas non plus appris davantage de mots. En tant que didacticiens, il nous arrive souvent de forcer un peu la note pour rendre la participation plus active en classe. Voilà de quoi nous faire réfléchir.

Ce qui frappe, à l'examen de ces travaux en langue étrangère, c'est la diversité; diversité au regard des niveaux étudiés, de la langue maternelle des apprenants, des types de textes, des tâches de compréhension, etc. Il y a là une difficulté majeure pour quiconque voudrait généraliser les résultats des expériences. Toutefois, les travaux en cours sur des activités de type interactionnel semblent très prometteurs et propres à contribuer effectivement à l'apprentissage d'une langue étrangère. Il s'agira, au cours des années à venir, d'apprécier véritablement si ces pratiques peuvent motiver l'apprenant et l'aider à progresser dans la compréhension de sens nouveaux.

LES TYPES DE TEXTES

Depuis le début des années soixante-dix, les typologies et classifications de textes se sont multipliées. En 1991, Schneuwly avait déjà recensé une centaine de propositions pour classer des textes. Comment s'explique cet intérêt? Comme le souligne Roulet (1991), la linguistique et la didactique s'orientent de plus en plus vers le discursif et on aboutit nécessairement à la constatation qu'au-delà des genres (par exemple, le reportage, le fait divers), il existe d'autres types de discours, comme le discours narratif ou le discours procédural.

La recherche en langue maternelle

Faut-il se désoler de cette prolifération de typologies ? Petitjean (1989) et Schneuwly (1991) ont dressé, pour le français langue maternelle, des *typologies de typologies* qui permettent d'y voir un peu plus clair. Avant d'aborder les expériences qui ont été menées sur les types de textes en langues maternelle et étrangère, nous aimerions donner une brève description de ces typologies de typologies, où l'on distingue au moins quatre grandes espèces : les typologies fonctionnelles, énonciatives, cognitives et situationnelles.

LES TYPOLOGIES DE TYPOLOGIES

I. Les typologies *fonctionnelles*, qui sont fondées sur les fonctions du langage et inspirées de Jakobson (1963). On y retrouve cinq types de textes : informatif, incitatif, expressif, poétique et ludique. Le texte informatif a pour but de renseigner et se retrouve dans les reportages, les articles de revues scientifiques, etc. Le texte incitatif a pour fonction de faire réagir l'auditeur et il s'actualise dans certaines annonces, les discours politiques, etc. Le texte expressif, quant à lui, traduit une manifestation de la pensée, une certaine émotion ; on le retrouve dans la correspondance, les récits d'événements, etc. Le texte poétique, qui est représenté dans les contes, certaines bandes dessinées, etc., nous transporte dans un monde de fantaisie, d'imaginaire. Enfin, le texte ludique, qui regroupe notamment les charades et les textes humoristiques, permet de s'amuser en jouant avec le langage.

II. Les typologies *énonciatives*, qui s'attachent à montrer l'influence des conditions d'énonciation en faisant intervenir des composantes de base comme les interlocuteurs, le temps et le lieu, dans l'organisation du discours. Bronckart *et al.* (1985), entre autres, ont présenté une des conceptualisations possibles de cette articulation.

III. Les typologies *cognitives*, qui s'appuient sur l'organisation globale des textes ou leur structure. Adam (1987 ; 1991) a proposé cinq structures séquentielles de base : le narratif, le descriptif, l'argumentatif, l'explicatif et le conversationnel-dialogal.

Le type narratif se marque par un déroulement d'événements dans le temps ; il en existe de multiples formes qui vont de l'histoire drôle au fait divers, à la fable, etc. Le type descriptif présente des arrangements selon un ordre non plus linéaire causal, mais essentiellement hiérarchique ; des textes de type descriptif sont produits dans le cadre des activités discursives quotidiennes, les conversations, les annonces publicitaires. Les textes de type argumentatif utilisent diverses démarches pour démontrer ou réfuter une thèse ; les discours politiques en sont un exemple. Le type explicatif vise à montrer les liens et les causes qui relient les faits entre eux ; ce type de texte s'actualise, par exemple, dans les travaux de recherches. Dans le type conversationnel-dialogal, Adam range les échanges de vues comme les conversations, les débats et les interviews.

IV. Les typologies *situationnelles*, fondées sur le modèle de Halliday (1978), postulent que tout locuteur sélectionne le registre de ses interventions par un codage culturel implicite opérant au niveau du champ (ce qui se passe), de l'ensemble des relations entre les participants (le statut social et les rôles de chacun, rôles de père, d'employé, d'interrogateur) et de la fonction du texte en relation à l'acte social (par exemple, faire savoir, fournir des renseignements manquants). En s'inspirant du modèle de Halliday, Bouchard (1991) a esquissé un cadre sémiotique d'analyse des événements communicatifs, en postulant qu'au-delà des différences de surface il existe une organisation de base des discours qui permet de rapprocher des types d'événements aussi variés que la conversation, le discours narratif, le descriptif, etc. L'hypothèse de Bouchard permettrait peut-être de neutraliser cet « incontournable démon de la typologie », comme le qualifie fort à propos Coste (1991, p. 75).

La didactique des langues maternelle ou étrangère a-t-elle besoin de ces classifications qui peuvent sembler d'une lourdeur considérable ? Pour Coste, la question ne saurait vraiment se poser. Le développement des connaissances en matière de fonctionnement des textes rend inéluctable leur classement. Sans vouloir ajouter à cette prolifération, et en tenant compte de certains des angles d'attaque adoptés par tel ou tel concepteur, Coste dégage quelques lignes de force pour la didactique en distinguant différentes étapes dans les modes de caractérisation des textes (par exemple, en faire repérer d'abord les dimensions sociopragmatiques, c'est-à-dire la nature des émetteurs et des récepteurs, les canaux et les supports utilisés, le caractère direct ou différé de l'échange de mots, etc.).

Après ce détour sur les typologies de typologies, nous pouvons maintenant présenter quelques études se rapportant aux types de textes en langue maternelle, puis en langue étrangère. En ce qui concerne la langue maternelle, la recherche a surtout porté sur différents types de textes narratif, informatif, expressif, etc.

LES ÉTUDES TEXTUELLES

À cause de la simplicité de sa structure, le texte narratif est plus facilement accessible aux enfants (Bartlett, 1981). Rappelons que le schéma de base des textes narratifs (récits, légendes, fables, etc.) se construit autour d'un personnage principal et de quelques personnages secondaires qui atteindront l'objectif qu'ils s'étaient fixé après avoir franchi un certaine nombre d'obstacles dressés sur leur chemin. Vers l'âge de huit ans, l'enfant reconnaît facilement, dans un récit oral, le personnage principal, le but à atteindre et les éléments importants qui aideront à résoudre les conflits (Espéret, 1991). Le texte narratif constitue en fait une base cognitive fondamentale sur laquelle les enfants s'appuient pour comprendre ou produire d'autres types de textes (Rentel et King, 1983).

Les relations interpersonnelles et les expériences sociales aident les enfants à maîtriser le texte narratif. Ainsi, à l'âge de huit ans, l'enfant se construit un monde imaginaire et se passionne pour des personnages de légende dont il se plaît à vanter les exploits à ses amis ou à ses camarades de classe (Horowitz, 1990). Par contre, la compréhension de textes informatifs (description, cause-effet, etc.) semble être plus laborieuse pour les enfants de onze ans, qui ont besoin d'être guidés lorsqu'ils écoutent ce type de texte (Horowitz, 1990). Brown *et al.* (1985 ; cités par Rubin, 1994), lors d'une expérience menée avec des locuteurs de langue anglaise âgés d'une quinzaine d'années, ont également noté que les textes informatifs étaient plus difficiles à comprendre que les textes narratifs. Par ailleurs, ils signalent que les retours en arrière, comme il s'en produit très souvent dans les textes narratifs, posent certains problèmes de compréhension que l'on repère facilement dans les rappels de ces textes.

Wolvin et Coakley (1992) ont examiné différents types de textes en relation avec les activités cognitives qui se manifestent en situation d'écoute. C'est ainsi qu'ils décrivent plusieurs expériences conduites avec des adultes confrontés à des textes expressif, incitatif, argumentatif (*persuasive messages*) dont l'objectif est de provoquer un changement d'attitude chez l'auditeur. Ils fournissent également d'excellentes analyses de textes de propagande en vue d'en faire ressortir le côté biaisé.

Comment savoir si un apprenant reconnaît la structure d'un certain type de textes ? C'est assez facile, si l'on en croit Samuels (1982) qui recommande d'en faire faire un rappel oral ou écrit. Si le rappel d'un texte, bien structuré au départ, illustre l'ordre de présentation des idées ainsi que leur enchaînement, l'apprenant a fort probablement reconnu le plan suivi par l'auteur. Dans le cas contraire, le rappel est d'habitude assez confus au niveau de l'organisation globale des idées présentées.

LES TEXTES AVEC SUPPORT VISUEL

Il semble que les textes avec support visuel, comme les bandes magnétoscopiques, faciliteraient la compréhension. Une des premières études à ce sujet, menée il y a une vingtaine d'années par Arnold et Brooks (1976 ; cités par Phillips, 1991), a montré que des élèves anglophones de cinquième année avaient trouvé plus facile de comprendre un texte narratif (un conte de fées) qui s'accompagnait d'une vidéo, mais que les élèves de deuxième année n'avaient pas mieux compris avec la vidéo que lorsque l'histoire était racontée sans support visuel. Les chercheurs concluent que le support visuel est un facilitateur lorsque le sujet a atteint un certain développement cognitif. Dans le cas présent, ces apprenants de deuxième année ne possédaient pas encore les schèmes de texte narratif nécessaires.

La recherche en langue étrangère

Dans ce volet consacré à la recherche en langue étrangère, nous aborderons successivement les aspects suivants : le niveau de difficulté des textes, les variables contextuelles (titres, images, questions adjointes, etc.), les documents authentiques et enfin les textes avec support visuel.

LE NIVEAU DE DIFFICULTÉ DES TEXTES

Le texte est un facteur important dans l'activité de compréhension. Quels types de textes devrait-on utiliser en classe ? Quels sont les éléments qui font qu'un texte est difficile ? Existe-t-il des instruments pour évaluer le niveau de difficulté d'un texte ?

Les types de textes utilisés dans la recherche en langue étrangère varient considérablement, en allant de l'interview (Mueller, 1980), à l'échange spontané (Goss, 1984 ; cité par Long, 1990), en passant par le dialogue par opposition au monologue, l'exposé, le bulletin de météo, etc. (Dirven et Oakesholt-Taylor, 1985). Pour James (1986), la longueur du texte constitue une plus grande source de difficulté que le type de texte lui-même. Ainsi, au-delà de trois minutes d'écoute, les efforts d'attention soutenue surchargent la mémoire à court terme, à moins naturellement que le contenu du texte soit d'un grand intérêt pour l'auditeur.

Long (1990) attire notre attention sur le fait qu'il n'existe aucun consensus sur les types de textes que l'on devrait utiliser pour la recherche en langue étrangère. On sait qu'en compréhension de l'écrit, il existe des formules de lisibilité pouvant donner des indices sur le niveau de difficulté d'un texte lu en langue maternelle ou étrangère (Cornaire, 1985; 1991). Malheureusement, l'application de ces formules à la compréhension de l'oral est problématique du fait que les variables entrant en jeu sont un peu différentes de celles que l'on retrouve à l'écrit. Comment tenir compte, par exemple, de la variable locuteur, ou des relations entre les participants s'il s'agit d'un échange de type conversationnel? Il faudrait certainement prendre en compte un nombre important de variables assez complexes et difficiles à manipuler. Quelques tentatives, sans grand succès, ont été faites pour la langue maternelle (Chall et Dial, 1948; Glasser, 1975; Beatty et Payne, 1984; cités par Long, 1990).

Pour pallier ces difficultés, les chercheurs ont proposé la notion de facilité d'écoute (*listenability*). Ainsi, plus un texte contient de traits qui se rapprochent de la langue parlée (par exemple, des phrases courtes, un vocabulaire simple, familier), plus il serait facile à comprendre. Shohamy et Inbar (1991) en ont fait la démonstration avec trois textes en anglais : un bulletin de nouvelles, un petit exposé (*lecturette*) et une conversation entre un consultant et son client. Au cours de l'expérience, 150 élèves israéliens ont écouté à deux reprises une combinaison de deux textes, et ont ensuite répondu à une série de questions de compréhension. L'analyse des réponses a montré que le bulletin de nouvelles, qui s'éloignait le plus de la langue parlée, avait été le plus difficile à comprendre, suivi de l'exposé et de la conversation.

Selon Brown (1995), il est plus facile de comprendre n'importe quel type de texte s'il présente les caractéristiques suivantes :

a) un nombre limité de personnes ou d'objets ;
b) des personnes ou des objets clairement distincts ;
c) des relations spatiales simples (par exemple, une rue, une ville, au lieu d'utiliser des localisations plus vagues, comme un peu plus loin, etc.) ;
d) le respect de l'ordre chronologique des événements ;
e) un lien entre les différents énoncés (par exemple, des relations de cause à effet) ;
f) la possibilité de relier facilement la nouvelle information aux connaissances antérieures.

LES VARIABLES CONTEXTUELLES

Les conclusions de plusieurs études en langue maternelle, et surtout en compréhension de l'écrit, ont montré que l'appréhension d'un texte est facilitée par l'addition d'un titre ou d'images significatives (Dooling et Lachman, 1971 ; Bransford et Johnson, 1972 ; Rumelhart, 1977). Ces travaux ont influencé les chercheurs en langue étrangère, en compréhension écrite (Omaggio, 1979 ; Carrell, 1983, 1984) et en compréhension orale. C'est ainsi que Mueller (1980) a montré, en allemand langue étrangère, que les structurants, sous forme d'illustrations présentées avant l'écoute d'un message, aident à sa compréhension. En revanche, utilisées après l'écoute, ces mêmes illustrations donnent de moins bons résultats. Par ailleurs, l'étude a mis en évidence le fait que ces illustrations sont un atout pour les apprenants de niveau débutant possédant des connaissances linguistiques limitées.

Plus récemment, en 1992, Eykyn s'est penchée sur les effets de différentes formes de structurants : questions ouvertes, questions à choix multiples, images et listes de vocabulaire. Dans l'expérience menée avec des apprenants débutants en français au secondaire, elle a montré que ce sont les types de structurants sous forme de questions à choix multiples qui donnent les meilleurs résultats, étant donné que l'apprenant n'a pas à rédiger de réponse. Il s'agit aussi d'une technique fréquemment utilisée au secondaire, donc bien maîtrisée par les étudiants.

LES DOCUMENTS AUTHENTIQUES

Avec l'avènement de l'approche communicative, il est devenu essentiel de proposer aux apprenants des « modèles de communication, du matériel puisé dans la vie réelle » (Besse, 1980, p. 42), et désormais le matériel authentique devient omniprésent dans les cours de langues.

Toutefois, ce matériel dit « authentique » n'a pas la faveur de tous les didacticiens, surtout lorsqu'ils ont affaire à des élèves en début d'apprentissage. Dans ce cas, ils donnent souvent la préférence aux documents simplifiés (Scarcella et Oxford, 1992), comme nous avons pu le constater dans le chapitre se rapportant aux modifications morphologiques et syntaxiques. Sans vouloir réveiller cette querelle d'idées, qui n'est d'ailleurs pas près de s'éteindre, nous aimerions présenter les résultats de quelques études se rapportant aux documents authentiques.

Herron et Seay (1991), qui ont mesuré les effets de documents authentiques (en l'occurrence *Champs-Élysées*, une série d'émissions de radio à caractère informatif produites en France) avec un groupe expérimental, ont montré que la compréhension orale de ces apprenants s'était améliorée par rapport à celle du groupe témoin, qui n'avait pas bénéficié de cet exercice.

Long (1991) et Bacon (1992), en se basant sur les réponses d'apprenants à un questionnaire, recommandent l'usage de documents authentiques en classe. Eykyn (1992), à la suite des expériences que nous venons de mentionner au sujet des structurants, souligne également que les textes authentiques à caractère informatif, où l'on expose des faits ou une séquence d'événements selon une certaine logique et avec des redondances, sont plus facilement accessibles aux apprenants débutants.

LES TEXTES AVEC SUPPORT VISUEL

Les textes authentiques ou réalistes s'accompagnent quelquefois d'un support visuel. Ces dernières années, quelques expériences ont été menées à l'aide de documents vidéo. En voici quatre parmi les plus récentes.

Herron et Hanley (1992) ont fait une expérience intéressante avec 57 élèves de cinquième année en français langue étrangère, en montrant que le document vidéo était, entre autres, un élément facilitateur pour l'appropriation d'une culture étrangère. Les indices visuels sont également un bon moyen d'améliorer la compréhension de textes lus immédiatement après le visionnement.

Baltova (1994) a examiné l'importance des indices visuels dans le processus de compréhension orale en exposant des groupes d'élèves de français-cadre, en huitième année, à l'audition d'une histoire en français dans des conditions diverses : vidéo et son, vidéo sans son et son sans vidéo. À la suite d'une comparaison de leur performance de compréhension avec la vidéo et avec l'audio, on a remarqué que le visuel permettait d'améliorer la compréhension globale d'un type de texte, en l'occurrence, un texte narratif, et l'intrication des événements racontés. Cette recherche a également montré que la vidéo présentait des avantages indéniables en ce qui a trait aux facteurs affectifs (comme la réduction du degré d'inquiétude face à un texte difficile) et à l'attention, qui devient plus soutenue.

Dans une expérience menée avec 28 anglophones inscrits à des cours de français de première année à Oxford College, Herron *et al.* (1995) ont montré qu'un contexte vidéo avait un effet positif sur la compréhension de l'oral. De façon plus précise, les chercheurs ont divisé ces apprenants, de niveaux débutant et faux débutant, en deux groupes, expérimental et témoin. Le groupe expérimental a suivi un cours basé sur la méthode *French in Action* alors que l'autre groupe utilisait un manuel de type classique. Une comparaison des résultats obtenus au pré-test et à l'un des post-tests (test de l'université du Manitoba) a montré que le groupe expérimental avait de beaucoup amélioré sa compréhension orale.

Par ailleurs, Herron (1994) a souligné les avantages de la vidéo couplée à un ensemble de structurants introductifs. Dans cette expérience, les sujets (38 étudiants de niveau débutant en français langue étrangère, inscrits à Emory University durant le trimestre de printemps de 1993) ont écouté différentes séquences de *French in Action* précédées, pour le groupe expérimental, d'une explication sous la forme de quelques phrases écrites en français au tableau et présentant la chronologie des événements mis en scène dans les séquences. Ces structurants ont servi de facteurs d'organisation en permettant au groupe expérimental de mieux intégrer l'information nouvelle par rapport au groupe témoin, qui n'avait pas bénéficié de cette aide complémentaire. Herron fait cependant une mise en garde : il est important de présenter des structurants simples et faciles à élaborer et qui ne sont en aucun cas utilisés au détriment de la compréhension.

Le succès des documents vidéo dépend aussi du montage des images, certains personnages (« *talking heads* », Rubin, 1994, p. 204) n'étant pas d'une grande utilité sur le plan de la compréhension. Par contre, de bonnes images peuvent stimuler l'attention tout en apportant des informations utiles, bien adaptées à leur objectif. D'autres facteurs, comme les bruits de fond (un téléphone qui sonne), le manque de naturel des locuteurs (maniérisme, gestes incompréhensibles) sont autant d'éléments que l'on connaît encore mal mais qui influent sur la compréhension des messages (Watson et Smeltzer, 1984).

Les classifications de textes représentent un travail énorme, mais le jeu en vaut probablement la chandelle s'il s'agit de moyens ou de stratégies destinées à améliorer les performances de nos apprenants en les aidant à appréhender une forme de discours comme un tout organisé et cohérent. Évidemment, ces tentatives de classification soulèvent des problèmes. Il suffit de parcourir quelques textes pour s'apercevoir que les genres sont souvent mêlés. Les textes argumentatifs peuvent contenir des séquences, des narrations, etc. (Adam, 1991), et il est alors difficile de dégager le caractère premier du texte selon son fonctionnement discursif. Faut-il respecter l'ordre de l'acquisition des types de textes? Que ce soit pour la compréhension orale ou pour les autres habiletés, une certaine aisance s'acquiert par la pratique d'exercices sur différents types de textes. Voilà donc des questions qui se posent pour les enseignants et les didacticiens.

Par ailleurs, les observations résultant des travaux sur les variables contextuelles, les documents authentiques et les textes avec support visuel fournissent certains éléments de réponse et il s'agit maintenant de continuer la réflexion dans ces domaines. Des voies prometteuses pour l'apprentissage de la compréhension orale.

LES TÂCHES

Cette vue d'ensemble de la recherche textuelle serait incomplète sans aborder la question des tâches de compréhension associées aux textes. D'entrée de jeu, signalons que les études se rapportant aux tâches sont encore peu nombreuses. Voici l'essentiel des résultats des recherches empiriques menées en langues maternelle et étrangère au cours des dernières années.

■ ESSAI DE SYNTHÈSE

La recherche en langue maternelle

Pour évaluer la compréhension orale ou la compréhension de l'écrit, les tâches que l'on propose sont sensiblement les mêmes et peuvent servir à vérifier différents aspects, entre autres, la compréhension de la situation de communication, de la fonction du texte, de son contenu, etc. Parmi ces tâches, on retrouve la question directe avec réponse ouverte, les questions à choix multiples ou de type « vrai/faux », les associations texte et image (désigner l'image qui correspond à la description entendue), texte et énoncé (désigner l'énoncé qui correspond le mieux à l'idée principale du texte), le repérage (relever et transcrire les mots du passage qui semblent appuyer l'idée exprimée dans le titre). On peut également demander à l'apprenant de tracer un itinéraire, de reporter certaines données dans un tableau, sur un graphique. L'exercice lacunaire est également un bon moyen de savoir si les étudiants maîtrisent un certain contenu du texte (par exemple, des éléments lexicaux clés). Prendre des notes, alors qu'on écoute un texte, ou encore en rédiger un résumé à la suite de l'audition, sont aussi des activités qui s'inscrivent dans le cadre de pratiques scolaires ou universitaires.

LES TYPOLOGIES DE TÂCHES

Comme pour les textes, on a dressé des typologies de tâches, regroupées le plus souvent par ordre de difficulté. Ainsi, Gérot (1987) distingue cinq types de tâches, de la plus simple (1) à la plus complexe (5) :

1. repérer certains éléments d'information d'un texte et les redonner dans leur forme intégrale ;
2. repérer certains éléments d'information et les réécrire dans ses propres mots ;
3. repérer un ensemble de données en les mettant en rapport ;
4. faire des inférences à partir de données explicites présentées dans le texte ;
5. faire des inférences à partir de l'information implicite.

LES SOURCES DE DIFFICULTÉS

Les chercheurs ont cerné deux sources importantes de difficultés reliées aux tâches : 1) la quantité de production demandée aux sujets (lorsqu'ils répondent aux questions) et 2) les étapes à franchir pour pouvoir mener à bien une tâche. Ainsi, la prise de notes est particulièrement exigeante au plan de la production. À cet égard, plusieurs études menées depuis plus d'une vingtaine d'années montrent qu'il n'existe pas vraiment de correspondance entre la quantité des notes prises durant l'écoute et la qualité de la compréhension, pas plus d'ailleurs qu'entre la qualité des notes et celle de la compréhension (pour une recension des écrits, on consultera Divesta et Gray, 1972; Rickards, 1979; Ladas, 1980). Ce manque de correspondance serait dû en partie aux limites de l'attention. Lindsay et Norman (1977) ont fait remarquer que la rédaction détourne l'attention de l'auditeur, qui s'applique surtout à bien rédiger son texte. En d'autres termes, la tâche d'expression écrite taxe lourdement la compréhension, ce qui va à l'encontre du but poursuivi.

Quelques études (Fisher et Harris, 1973; Norton, 1981) ont cependant montré que la quantité de notes aurait une influence positive sur les rappels différés, autrement dit, qu'il s'agit d'une technique mnémonique efficace. Aiken *et al.* (1975) ont également constaté que la qualité des notes (la quantité d'idées exprimées par rapport au nombre total de mots) amènerait l'apprenant à produire de meilleurs rappels, résultats qui vont toutefois à l'encontre de ceux rapportés par Kiewra (1985).

Pour Janda (1985), les auditeurs les plus attentifs à un exposé, et qui en tirent le plus grand profit au plan de la compréhension, sont ceux qui prennent le moins de notes. Janda souligne que la sténographie, ce type d'écriture abrégée et simplifiée, constitue un compromis où l'on ne perd rien de la parole, tout en la reproduisant à moindre effort. Mais encore faut-il bien connaître cette technique.

En dehors des difficultés inhérentes à la quantité de production écrite demandée aux apprenants, les chercheurs (Loftus, 1975; Findahl et Hoijer, 1982) notent que les étapes à franchir pour réaliser une tâche de compréhension imposent des efforts au plan cognitif qui influent sur la façon dont le texte sera compris et ce qui en sera effectivement retenu et rapporté par l'apprenant dans l'accomplissement de la tâche. Par ailleurs, les connaissances antérieures d'un domaine, un point d'ancrage pour l'interprétation des nouveaux apports langagiers, ont, jusqu'à un certain point, un effet sur la quantité et la qualité des rappels. En somme, l'événement rapporté, et souvent reconstruit par rapport aux expériences vécues par le sujet, n'est pas toujours une image fidèle et significative de l'ensemble des données que l'auditeur avait perçues initialement.

Il existe encore relativement peu de recherches qui ont essayé d'établir une corrélation entre un type de tâche et certaines variables, textuelles ou autres. L'étude menée par Wolvin et Coakley (1985), et poursuivie par King et Behnke (1989), figure parmi les rares où l'on ait tenté d'analyser l'incidence du débit sur trois types de tâches de compréhension. Concernant la description de ces expériences, nous renvoyons nos lecteurs au chapitre 5 du présent ouvrage.

La recherche en langue étrangère

UN MODÈLE DE RÉALISATION D'UNE TÂCHE
DE COMPRÉHENSION

En s'inspirant des recherches menées en langue maternelle par Findahl et Hoijer (1982), Rost (1990) définit quatre grandes étapes dans la réalisation d'une tâche de compréhension de type assez classique, en l'occurrence, répondre à une série de questions portant sur un bulletin de nouvelles télévisées. Ces étapes sont les suivantes :

1. l'auditeur doit interpréter l'intrant sonore ainsi que les images afin d'en construire une représentation mentale ;
2. l'auditeur doit comprendre les consignes de travail qui précisent le type de réponse auquel l'évaluateur s'attend ;
3. l'auditeur doit sélectionner l'information utile à l'accomplissement de la tâche et procéder ensuite à des choix linguistiques appropriés à la présentation ou à la linéarisation de cette information ;
4. enfin, l'auditeur doit répondre.

Rost souligne que la coordination de ces différentes opérations est importante, car sans elle, on aboutit à des performances médiocres.

Ce modèle de base est intéressant dans la mesure où il met l'accent sur les interactions qui sont en train de se créer entre le message, l'auditeur et la tâche à laquelle il est soumis. Il permet aussi de mieux comprendre l'écart qui peut exister entre, d'une part, le message rapporté par le biais de la tâche de compréhension et, d'autre part, le message de départ, véhiculé par le texte. Il est clair que ces différentes opérations peuvent fort bien amener l'auditeur à détourner son attention de l'intrant sonore. Pour contourner cette difficulté, Rost propose de diviser l'écoute d'un texte en plusieurs parties, dont on évaluera successivement la compréhension avant de passer à la suivante.

TROIS TYPES DE TÂCHES ET TROIS TYPES DE TEXTES

À l'instar de Wolvin et Coakley (1985), Shohamy et Inbar (1991) ont mené une étude en langue étrangère où l'on met en rapport trois types de tâches qui servent à vérifier différents aspects de la compréhension de trois types de textes. En ce qui concerne les tâches, on retrouve d'abord des questions générales qui donnent une mesure de l'habileté du sujet à faire des inférences ou à faire une synthèse de différentes idées et à établir les liens logiques qui existent entre elles. Un deuxième type de tâches consiste à repérer une information précise (un fait accompli) ou à comprendre le sens d'un mot. Le troisième type de tâches (*trivial questions*) renvoie à des détails (nombres, dates, pourcentages) qui ne sont pas directement reliés au sujet du texte.

Dans la rubrique consacrée aux types de textes (la recherche en langue étrangère), nous avons déjà eu l'occasion de parler brièvement des trois types de textes utilisés pour cette expérience, c'est-à-dire, rappelons-le, un bulletin de nouvelles, un petit exposé (*lecturette*) et une conversation. Notons que les résultats ont été meilleurs pour le deuxième type de tâches que pour le premier, où l'on demandait de retrouver une information précise, et cela pour les trois types de textes. Le troisième type de tâches, qui taxe lourdement la mémoire à court terme en forçant les apprenants à mémoriser des détails souvent insignifiants au lieu de se concentrer sur des aspects plus importants du texte, n'a pas donné de très bons résultats. Les auteurs suggèrent d'éviter de recourir à ce genre d'activités.

LA PRISE DE NOTES ET LE RÉSUMÉ

Notons que les chercheurs se sont également intéressés à la prise de notes, sans toutefois obtenir de résultats décisifs. À la suite d'une recherche menée auprès de 98 étudiants de niveau intermédiaire inscrits à des cours d'anglais à l'université, Chaudron *et al.* (1994) attirent notre attention sur trois points importants : 1) la quantité de notes ne devrait pas servir de mesure directe de la compréhension ; 2) il est essentiel d'enseigner la technique de la prise de notes aux sujets préalablement aux expériences ; 3) il faut un certain délai entre la prise de notes et le rappel si l'on veut juger de l'efficacité de la technique, qui pourrait aider l'apprenant à conserver une nouvelle information en mémoire et à pouvoir éventuellement la retrouver. Pour une recension des écrits concernant ce type de tâches, on consultera Chaudron *et al.* (1994).

Comment arriver à mieux cerner ce que les auditeurs comprennent durant un exposé (*lecture*)? Pour répondre à cette question, Rost (1994) a utilisé la technique du résumé durant l'écoute (*on-line summary*) d'une bande magnétoscopique d'une durée de 12 minutes où l'on présentait un exposé sur la psychologie sociale à 36 étudiants japonais de niveau intermédiaire en anglais langue étrangère. Cette technique consiste à ménager des pauses (d'une longueur de deux minutes dans cette expérience) durant l'audition pour permettre aux apprenants de rédiger un résumé de la partie du texte qu'ils viennent juste d'écouter.

La performance des sujets (évaluée par rapport à des résumés rédigés par des locuteurs natifs) s'est révélée plutôt médiocre, peut-être à cause de la difficulté de l'exposé où de celle de la tâche de compréhension, comme le note Rost. Néanmoins, selon le chercheur, ce type de tâche présente des avantages en permettant d'abord de mieux percevoir, à travers la production des sujets, comment se forment et s'associent les idées dans la mémoire à long terme durant l'écoute. Il souligne également que ces résumés pourraient aussi être utilisés avec profit lors d'entrevues en particulier avec les apprenants pour élucider les problèmes rencontrés lors de l'écoute.

Les recherches empiriques basées sur les théories de l'interaction sociale (les échanges langagiers entre des groupes d'individus; Vygotsky, 1986) montrent de plus en plus que les activités de groupe contribuent à rendre les apprenants conscients de leurs propres ressources cognitives, une façon utile de les aider dans le processus d'acquisition d'une langue étrangère. Les échanges entre pairs, locuteurs natifs et locuteurs de langue étrangère (*peer-pairing*), se concrétisent non seulement par des progrès sur le plan de la compréhension orale, mais fournissent des occasions aux apprenants de mieux se connaître en développant des rapports sociaux, comme le montre Jun-Aust (1985) dans une étude avec des enfants au primaire.

Des activités de groupes, comme « le cercle de discussions » (*talking circle*), menant à des échanges de points de vue, des négociations entre apprenants contribuent également à l'acquisition d'habiletés réceptives et productives. C'est ce que révèle une expérience conduite par Ernst (1994) avec des apprenants d'anglais au primaire. Ernst signale toutefois que le succès de ces activités repose sur leur organisation. Ainsi, il est important de choisir un sujet de discussion que les élèves connaissent où pour lequel ils se sont préparés.

Swain et Lapkin (1995), en s'appuyant sur les recherches de Sharwood-Smith (1985), Lightbown et Spada (1990), et Doughty (1994), mènent en ce moment une expérience intéressante sur les techniques coopératives. En bref, il s'agit de montrer que des échanges entre pairs où l'on négocie la forme dans des contextes signifiants sont plus utiles pour l'acquisition que des tâches où l'on se préoccupe seulement de la recherche du sens. Car, si l'on en croit ces chercheurs, le traitement de l'information par l'apprenant en quête active de sens passe par une sensibilisation à la forme et c'est à cette condition que les techniques coopératives serviront efficacement l'apprentissage.

LA COMPRÉHENSION ORALE :
UNE VOIE PRIVILÉGIÉE VERS L'ACQUISITION ?

En terminant ce chapitre, une synthèse des recherches dans le domaine de la compréhension orale, nous aimerions aborder la question du lien qui existe entre l'apport langagier, durant des tâches de compréhension orale, et l'acquisition. Voilà une problématique qui continue à préoccuper chercheurs et didacticiens.

On a souligné le rôle essentiel que joue la compréhension dans l'acquisition et le développement du langage enfantin (Fraser *et al.,* 1963; McNeil, 1970; Dulay *et al.,* 1982). En s'appuyant sur ces données, les didacticiens (Asher, 1969; Terrell, 1977; Krashen et Terrell, 1983; Byrnes, 1984; Dunkel, 1991) font volontiers précéder la production d'une assez longue période consacrée à la compréhension. Ne pas forcer l'apprenant à s'exprimer trop vite conduirait à de bien meilleures performances; par contre, lui demander de produire peut entraîner une surcharge qui ralentit le processus d'acquisition et engendre un climat d'apprentissage tendu et accompagné d'inquiétude, surtout chez les adultes, qui n'aiment pas s'exposer à la critique et préfèrent souvent rester silencieux en début d'apprentissage. Or, il est loin d'être évident que l'écoute (documents sonores enregistrés, conférence, conversations) permet de développer la compétence linguistique, la grammaire et le vocabulaire (pour une recension des écrits, voir Painchaud, 1990).

En ce qui a trait précisément au vocabulaire, Duquette (1993) n'a pas réussi à confirmer son hypothèse, à savoir que l'apprentissage et la rétention du vocabulaire sont facilités lorsque les apprenants travaillent avec des documents audiovisuels.

Pour Boulouffe (1992), la position de l'enseignement axé sur la compréhension se justifie mal, si l'on vise la maîtrise totale du langage. Selon elle, l'acquisition ne réside pas dans une exposition répétée à un apport langagier (*input*) mais dans un effort de production. C'est ce que semblent révéler plusieurs études (Clark, 1987; Wegener, 1982; David, 1985; cités par Boulouffe).

Ellis (1992) soulève le besoin de recherche visant à établir un lien direct et clair entre l'apport langagier et l'acquisition. Au terme d'une recension des écrits, il note qu'il n'existe aucune théorie explicite montrant comment l'apport langagier, à travers la compréhension, mène à l'acquisition de la syntaxe.

Plusieurs études au primaire (Spada et Lightbown, 1989; Lightbown, 1992; Wesche *et al.*, 1994) ouvrent cependant des champs de recherche assez prometteurs en montrant que l'exposition à l'apport langagier (au moyen d'activités de compréhension) peut influer sur l'acquisition en donnant l'occasion aux apprenants d'améliorer leur expression orale, d'acquérir une certaine autonomie dans leur apprentissage, et de mieux pouvoir comprendre et interpréter la culture étrangère dans sa propre réalité.

Dans ce chapitre, nous avons présenté un reflet des recherches textuelles menées sur plusieurs plans : le débit, les pauses et les hésitations, le décodage oral, les modifications morphologiques et syntaxiques, les types de textes et les tâches qui s'y rattachent, et enfin, pour clore la boucle, la problématique des habiletés réceptives comme une voie privilégiée vers l'acquisition d'une langue étrangère. Cette recension des écrits met en évidence l'hétérogénéité des travaux et leur aspect souvent fragmentaire. L'absence de consensus en ce qui concerne le rôle joué par certaines variables — par exemple le débit, les modifications syntaxiques, les types de discours à favoriser en début d'apprentissage, etc. — est révélatrice du travail qu'il reste encore à produire, un travail de longue haleine nécessitant la mise en œuvre d'une véritable collaboration entre chercheurs d'horizons divers.

TABLEAU 5

Les caractéristiques textuelles

Le débit, les pauses et les hésitations

	Études	Résultats (facteurs qui influent sur la compréhension)	
La recherche en langue maternelle Le débit	Foulke et Sticht (1969); Wolvin et Coakley (1985)	• accélération du débit (250 à 275 mots par minute) : peu d'effet sur la compréhension du message *résultats contestés* (King et Behnke 1989)	
	Rossiter (1974); Behnke et Beatty (1977)	• accélération du débit : la compréhension du message diminue	expérience sur trois types de tâches : — compréhension du message — rétention d'éléments — interprétation du message
	Murdock (1962); Waugh (1970)	• accélération du débit : peu d'effet sur la rétention d'éléments d'information	
	Wheeless (1971); Schinger *et al.* (1983)	• accélération du débit : peu d'effet sur l'interprétation du message	
	King et Behnke (1989)	• accélération du débit : la compréhension du message diminue	

■ ESSAI DE SYNTHÈSE

	Études	Résultats (facteurs qui influent sur la compréhension)
La recherche en langue maternelle Le débit	Tauroza et Allison (1990)	• vitesse normale d'écoute : — 160 à 190 mots par minute : documents radiophoniques et entrevues — 210 mots par minute : conversations — 140 mots par minute : conférences • remise en cause de la variable « mots par minute » expérience sur quatre types de textes.
	Vanderplank (1986, 1993)	• remise en cause des variables « mots par minute et « syllabes par seconde »
Les pauses et les hésitations	Aaronson (1967) ; Graham (1974) ; Chodorow (1979)	• pauses plus longues : effet positif sur la compréhension
	Boomer (1965) ; Ruder et Jenson (1972)	• pauses et segmentation du texte en constituants immédiats : effet positif sur la compréhension
	Clark et Clark (1977)	• pauses et segmentation du texte en constituants immédiats : difficultés pour démontrer interaction avec la compréhension *résultats contradictoires* (cf. expériences précédentes)
	Grosjean (1980)	• classification des hésitations en fonction des effets sur la compréhension
	Griffits (1991)	• analyse de la durée maximale d'une pause (3 secondes)

LES CARACTÉRISTIQUES TEXTUELLES

	Études	Résultats (facteurs qui influent sur la compréhension)
La recherche en langue étrangère	Stack (1960)	• vitesse normale d'écoute pour débutants et avancés : 10 à 12 syllabes / seconde
Le débit	Hatch (1979)	• débit lent : favorise la compréhension
	Griffits (1991) (recension des écrits jusqu'en 1989)	*aucune réponse satisfaisante concernant le débit*
	Conrad (1989)	• compréhension : fonction de la vitesse de déroulement du texte et de la compétence des sujets
	Blau (1990)	• vitesses variables : pas de différence en compréhension *explication possible : écarts faibles entre les vitesses*
	Rader (1990)	• vitesses variables : pas de différence significative en compréhension de textes narratifs *explication possible : difficultés méthodologiques*
	Griffits (1990, 1992)	• débit plus lent (2 à 2,5 syllabes/seconde) : amélioration de la compréhension de textes narratifs *résultats contradictoires (cf. expériences précédentes)*
Les pauses et les hésitations	Blau (1990)	• pauses plus longues (3 secondes) : aide précieuse pour la compréhension
	Griffits (1991) (recension des écrits jusqu'en 1981)	*mise en garde sur l'utilité réelle des pauses*

TABLEAU 6

Les caractéristiques textuelles

Le décodage auditif

	Études	Résultats
La recherche en langue maternelle l'apprentissage de l'écoute chez l'enfant	Lhote (1995)	• apprentissage de façon naturelle — par ajustements — avec une sensibilité particulière aux changements d'intonation
Les fonctions démarcatives des faits phonétiques	Rubin (1994)	• perception de mots par le locuteur natif
	Marslen-Wilson	• reconnaissance de mots : à partir d'un processus d'activation de mots possibles selon le contexte
	Champagne Muzar (1992) (recension des écrits)	• segmentaux : indicateurs de frontières démarcatives entre mots
	Hazaël-Massieux et Hazaël Massieux (1978) ; Rossi (1985)	• suprasegmentaux : — indicateurs de frontières démarcatives entre syntagmes
	Grosjean (1983) ; Berkovits (1984) ; Kreiman (1982)	— indicateurs de frontières phrastiques et textuelles

	Études	Résultats (facteurs qui influent sur la compréhension)
	Glanzer (1976); Cutler (1986)	— facilitateurs pour le traitement de l'information
Les autres fonctions	Barry (1981)	— guides pour reconnaître les voix
	Champagne-Muzar et Bourdages (1993) (recension des écrits)	— rôle de mise en relief d'éléments (ex. : thème)
	Léon (1970)	— indicateurs de sentiments
	Crystal (1975)	— indicateurs de caractéristiques sociales
La recherche en langue étrangère		
L'apport des faits phonétiques à la compréhension	LeBlanc (1986); Champagne-Muzar (1992) ; Dejean de la Bâtie (1993)	• lien étroit entre la pratique phonétique et le développement de la compréhension
Les difficultés particulières	Dejean de la Bâtie (1993)	• contractions, liaisons, élisions, etc. : éléments difficiles pour débutants
	Vanderplank (1986)	• perception de l'accent : difficulté en langue étrangère

TABLEAU 7

Les caractéristiques textuelles

Les modifications morphologiques et syntaxiques

	Études	Résultats (facteurs qui influent sur la compréhension)
La recherche en langue maternelle	Morton et al. (1985); Aitchison (1987)	• mots fréquents et familiers : favorisent la compréhension
	Schlessinger (1977)	• reconnaissance de mots : favorise la compréhension
	Marslen-Wilson et Tyler (1980)	• syntaxe complexe : limite la compréhension
	Beaugrande (1980); Brown et Yule (1983)	• texte intéressant : facilite la compréhension
La recherche en langue étrangère	Cervantes (1983); Chaudron (1983); Long (1985)	• redondance : facilite la compréhension
Les textes préalablement modifiés	Lynch (1984); Schmidt-Rinehart (1993)	• redondance : nuit à la compréhension en début d'apprentissage
	Kelch (1985)	• synonymes et paraphrases : pas d'effet sur la compréhension (mais effet positif avec débit plus lent)

	Études	**Résultats** (aspects retenus et interaction avec la compréhension)
	Chiang et Dunkel (1992)	• répétition de déterminants, substantifs et paraphrases : facilitateurs pour la compréhension
	Glisan (1985)	• ordre des mots, place de la phrase clé : effets sur la compréhension
	Chaudron et Richards (1986)	• micro et macromarqueurs : facilitateurs pour la compréhension
Lex textes spontanés de type conventionnel	Henzl (1975) ; Gaies (1977) ; Derwing (1989)	• adaptations linguistiques du locuteur natif (par ex. enseignant) : facilitateurs pour la compréhension
	Ellis *et al.* (1994)	• adaptations linguistiques : facilitateurs pour la compréhension

■ ESSAI DE SYNTHÈSE

TABLEAU 8

Les caractéristiques textuelles

Les types de textes (avec ou sans support visuel)

	Études	**Résultats** (typologies, types de textes, niveau de difficulté, variables contextuelles et support visuel)
La recherche en langue maternelle	En s'inspirant de Jakobson (1963)	• typologies fonctionnelles
Les typologies de typologies	Conceptualisation par Bronckart et al.,(1985)	• typologies énonciatives
	Conceptualisation par Adam (1987, 1991)	• typologies cognitives
	Conceptualisation par Bouchard (1991), en s'inspirant de Halliday (1978)	• typologies situationnelles
Les études textuelles	Bartlett (1981) ; Espéret (1991)	• texte narratif : plus accessible aux enfants
	Rentel et King 1983	• texte narratif : base cognitive fondamentale pour les enfants
	Horowitz (1990) ; Brown et al. (1985)	• texte informatif : difficulté de compréhension pour les enfants et les adolescents

LES CARACTÉRISTIQUES TEXTUELLES

	Études	Résultats (typologies, types de textes, niveau de difficulté, variables contextuelles et support visuel)
	Wolvin et Coakley (1992)	• analyse de textes expressif, incitatif, argumentatif
Les textes avec support visuel	Arnold et Brooks (1976)	• support visuel : facilitateur à un certain stade cognitif
La recherche en langue étrangère Les niveaux de difficulté des textes	James (1986)	• longueur du texte (+ de 3 minutes) : source de difficultés
	Shohamy et Inbar (1991)	• texte similaire à langue parlée : facilite l'écoute
	Mueller (1980)	• structurants (illustrations avant l'écoute) : facilitateurs pour la compréhension
Les variables contextuelles	Eykyn (1992)	• structurants (choix multiples) : facilitateurs pour la compréhension
Les documents authentiques	Herron et Seay (1991) ; Long (1991); Bacon (1992)	• documents authentiques : effets positifs pour la compréhension
Les textes avec support visuel	Herron et Hanley (1992)	• indices visuels : facilitateurs pour l'appropriation de la culture et pour la compréhension
	Baltova (1994) ; Herron et al. (1995)	• indices visuels : facilitateurs pour la compréhension
	Herron (1994)	• vidéo et structurants simples : facilitateurs pour la compréhension

TABLEAU 9

Les caractéristiques textuelles

Les tâches

	Études	Résultats (typologies, sources difficultés)
La recherche en langue maternelle Les typologies de tâches	Gérot (1987)	• élaboration d'une typologie avec difficulté croissante des tâches
Les sources de difficultés	Divesta et Gray (1972); Rickards (1979); Ladas (1980) (recension des écrits)	• deux sources importantes de difficultés reliées aux tâches : quantité de production et étapes pour réaliser la tâche (par ex. : la prise de notes)
	Kiewra (1985); Janda (1985)	• prise de notes : influence négative sur la compréhension
	Fisher et Harris (1973); Norton (1981)	• prise de notes : influence positive sur la compréhension *résultats contradictoires* (cf. expériences précédentes)
	Loftus (1975); Findahl et Hoijer (1982)	• étapes pour réaliser la tâche : efforts cognitifs et influence sur la compréhension

	Études	Résultats (typologies, sources difficultés)
La recherche en langue étrangère Un modèle de réalisation d'une tâche de compréhension	Rost (1990)	• modèle en quatre étapes
Trois types de tâches et trois types de textes*	Shohamy et Inbar (1991)	• meilleurs résultats pour le deuxième type de tâche et pour les trois types de textes
Prise de notes et résumé	Chaudron et al. (1994)	• prise de notes — ne mesure pas directement la compréhension — devrait être enseignée — délai nécessaire entre prise de notes et rappel
	Rost (1994)	• résumé durant l'écoute : présente certains avantages (par ex. : au niveau de la perception du processus de compréhension)

* tâches :
1) répondre à des questions d'ordre général ; 2) repérer une information précise ; 3) relever certains détails

textes :
1) exposé ; 2) bulletin de nouvelles ; 3) conversation

■ ESSAI DE SYNTHÈSE

TABLEAU 10

Compréhension orale et acquisition

	Études	Résultats
La recherche en langue maternelle	Fraser et al. (1962); McNeil (1970); Dulay et al. (1982)	• rôle essentiel de la compréhension dans le développement du langage enfantin
La recherche en langue étrangère	Painchaud (1990) (recension des écrits)	*met en doute le rôle de la compréhension pour développer la compétence linguistique*
	Boulouffe (1992) (recension des écrits)	*favorise la production pour mener à la maîtrise totale du language*
	Ellis (1992) (recension des écrits)	*soulève le besoin de recherche entre compréhension et acquisition*
	Spada et Lightbown (1989); Lightbown (1992); Wesche et al. (1994)	• compréhension (écoute) : effets positifs sur l'acquisition

CHAPITRE 6

Les interventions pédagogiques

Comme nous l'avons vu, l'enseignement-apprentissage de la compréhension orale a été subordonné à différentes théories ou à des ensembles de conceptions d'ordre psychologique, linguistique ou sociologique. Aujourd'hui, même si l'on n'adopte pas de modèle de référence unique, il reste que certaines orientations concernant la conception de la langue et de l'apprentissage sont acceptées par un bon nombre de didacticiens, qui se basent sur ces assises pour faire des choix éclairés en matière d'activités pédagogiques.

Parmi ces orientations, nous retrouvons les suivantes :

- L'objectif fondamental est la communication. La signification et le contenu du message sont privilégiés, sans pour autant négliger la forme linguistique proprement dite.
- L'apprentissage d'une langue étrangère est un processus créateur où l'individu peut raisonner, analyser, comparer, réfléchir à son fonctionnement, ce qui lui donne l'occasion de parfaire ses expériences, tout en s'ouvrant à une autre culture.
- L'enseignant facilite l'apprentissage en essayant de mettre en œuvre des moyens didactiques susceptibles de permettre aux apprenants de mieux affronter certaines difficultés et certains types d'erreurs.

• Les documents choisis, authentiques ou réalistes, correspondent aux capacités des apprenants et à leur expérience. Les critères de sélection à considérer en priorité sont le caractère familier d'un domaine ou d'un sujet et l'intérêt qu'il suscite.

• Les activités pédagogiques, de type interactif, sont centrées sur la signification et sur la résolution de problèmes.

Les didacticiens reconnaissent également que la compréhension n'a pas éveillé jusqu'ici suffisamment d'attention, même si elle constitue le moteur principal de l'apprentissage des langues étrangères. Comme le souligne Oxford (1993, p. 205), la compréhension, la plus fondamentale des habiletés, peut être et devrait être enseignée (« [...] *listening, the most fundamental language skill, can be taught and it should be a clear focus of classroom instruction* »).

En articulant à la fois théorie et pratique, le présent chapitre a pour objectif de préciser quelques orientations concernant le contenu à utiliser pour l'apprentissage de la compréhension orale, y compris certains outils informatisés. Ce chapitre est découpé en six grandes parties, intitulées respectivement « Quelques lignes directrices pour l'élaboration d'activités de compréhension », « Les étapes de la compréhension orale et le projet d'écoute », « Construire son apprentissage au moyen de stratégies », « La pratique phonétique : un élément essentiel à la compréhension », « Les nouvelles technologies et leur apport sur le plan de la compréhension » et « L'évaluation de la compréhension ».

QUELQUES LIGNES DIRECTRICES POUR L'ÉLABORATION D'ACTIVITÉS DE COMPRÉHENSION

Plusieurs chercheurs ont proposé des idées intéressantes, voire novatrices, pour l'élaboration d'activités. Ainsi, Brown et Yule (1983) retiennent une démarche qui favorise un ordre progressif quant au niveau de difficulté des documents utilisés lors d'activités. Ainsi, si l'on s'adresse à des débutants ou des intermédiaires faibles, il est évident qu'un monologue est plus facile à suivre qu'une conversation à laquelle participent plusieurs personnes, à l'exception, bien entendu, des conférences ou des discours politiques, influencés par l'écrit. Brown et Yule notent que ces monologues donnent l'occasion à l'apprenant de s'accoutumer aux caractéristiques particulières d'un locuteur (le rythme, l'intonation, les pauses, etc.). Ce locuteur, sans pour autant s'exprimer très lentement, devrait adopter une forme de débit raisonnable, surtout lorsque ce sont des apprenants en début d'apprentissage qui sont « à l'écoute ». Les éléments visuels donnent d'habitude une nouvelle dimension à l'information. Les mimiques des individus peuvent être, par exemple, des indices favorisant non seulement la compréhension mais permettant de créer un climat de détente dans la salle de classe.

Les professeurs optent souvent pour des conversations spontanées qui peuvent être ennuyeuses pour l'apprenant. Or, ce qui rend une conversation intéressante, c'est le fait d'y participer. Un certain nombre de questions comme, par exemple : « Qui est amical ? », « Qui essaie de gagner du temps ? », « Qui, de façon assez discrète, laisse percer sa mauvaise humeur ? » redonnent un certain intérêt à ces échanges, lorsque les apprenants veulent bien entrer dans le jeu de l'observation et de l'analyse.

Il est évident qu'il est impossible de trouver du matériel qui intéressera chacun des apprenants d'une même classe et, dans cette optique, il est souvent préférable de sélectionner des documents qui vont les faire réagir, plutôt que de se contenter de les faire répondre à quelques questions de compréhension de type classique. Mais pour ce faire, il n'est pas suffisant de retenir des textes en fonction de sujets susceptibles d'intéresser les étudiants, il faut également songer aux objectifs pour lesquels les documents ont été conçus. Par exemple, si un échange illustre une démarche pour parvenir à un accord, c'est la façon dont les individus se comportent qui devrait être observée, les faits, dans ce contexte, ayant relativement moins d'importance.

Richards (1990) fait ressortir les exigences de tâches de compréhension par rapport à deux axes : les fonctions interactionnelle et transactionnelle, d'une part, et les processus ascendant et descendant, d'autre part (tels que décrits dans le chapitre consacré au modèle). En ce qui concerne la sélection d'activités pédagogiques, le cadre qu'il propose peut se révéler fort utile pour l'enseignant qui peut ainsi avoir une meilleure idée de la complexité d'une tâche. Voici quelques mots à ce sujet.

Notons d'abord que les étiquettes « interactionnelle » et « transactionnelle » (*interactional* et *transactionnal*), qui émanent de Brown et Yule (1983) correspondent aux termes « *ideational* » et « *interpersonal* » utilisés par Halliday (1970). Le concept de « transactionnel » renvoie au message et aux effets mis en œuvre par le locuteur pour essayer de rendre l'échange intelligible, alors que le concept d'« interactionnel » est orienté vers l'auditeur et, dans cette optique, la transmission d'information n'est pas le but premier de l'échange. Ainsi, parler du temps qu'il fait est l'exemple parfait qui sert à entretenir des relations avec les personnes de son entourage ou essayer d'en établir avec des inconnus.

Rappelons que la démarche ascendante, qui exige un haut degré d'attention, tient compte principalement de l'apport langagier, l'auditeur analysant le texte à divers niveaux (mots, phrases, etc.), alors que la démarche descendante fait appel à l'anticipation, au contexte, aux connaissances antérieures. Richards (p. 65-83) fournit quelques exemples d'activités pédagogiques qu'il classe de la façon suivante :

1. Écouter attentivement une histoire drôle afin de savoir quel est le moment opportun pour sourire ou rire (fonction interactionnelle — processus ascendant).
2. Écouter attentivement des instructions durant une première leçon de conduite automobile (fonction transactionnelle — processus ascendant).
3. Écouter les conversations d'invités au cours d'une rencontre sociale (fonction interactionnelle — processus descendant).

4. Écouter l'énoncé de consignes de sécurité à bord d'un avion, consignes que l'on a déjà entendues à quelques reprises (fonction transactionnelle — processus descendant).

En analysant, à titre d'exemple, la première et la troisième activité, on s'aperçoit que la première est assez exigeante pour l'auditeur, qu'il soit natif ou apprenant en langue étrangère. Il doit écouter attentivement en ayant recours à toutes les ressources disponibles (vocabulaire, registre de langue, phénomènes prosodiques, etc.) qui lui permettront de relever le défi de la difficulté. La troisième activité, par contre, est nettement plus simple pour l'auditeur. Il s'agit d'utiliser ses connaissances socioculturelles de cette situation particulière (conversations entre invités). Ainsi, un mot ou une phrase, saisi dans le flux sonore, sera souvent suffisant pour aiguiller l'auditeur natif vers un cadre de référence familier. L'apprenant en langue étrangère, quant à lui, peut rencontrer certaines difficultés, s'il connaît mal les conventions culturelles propres à une société donnée.

Morley (1992) présente également un ensemble de suggestions pour l'élaboration d'activités et de matériel de compréhension orale, sa démarche reposant sur trois principes : la pertinence (*relevance*), la transférabilité (*transferability*) et l'orientation vers le concept de tâche (*task-oriented*). En ce qui concerne le premier principe, il est essentiel que le contenu du programme et l'objectif poursuivi soient aussi pertinents que possible pour l'apprenant. Un tel programme sous-entend une sélection de matériel pédagogique suscitant le goût d'écouter, de découvrir et de réaliser une tâche. L'un des critères à considérer est donc le caractère familier d'un domaine ou d'un sujet et l'intérêt qu'il fait naître.

Les progrès réalisés durant l'apprentissage de la compréhension devraient être transférables ou réinvestis dans d'autres activités scolaires ou dans des situations communicatives véritables. Par exemple, les bulletins de nouvelles que l'on a écoutés ou visionnés en classe pourront servir de sujets de discussions entre amis ou collègues.

■ ESSAI DE SYNTHÈSE

Comme nous l'avons déjà souligné à quelques reprises, le concept de tâche à accomplir prend de plus en plus de place dans les écrits des didacticiens (Johnson, 1979; Maley et Moulding, 1979; Candlin et Murphy, 1987; cités par Morley). Le but de ces tâches d'apprentissage est d'amener l'apprenant à agir (*Listen-and-do*) plutôt que de démontrer sa compréhension d'un texte en se bornant à répondre à une série de questions. Prendre des messages, des notes, rédiger des résumés, négocier le sens par l'intermédiaire d'un jeu de questions et de réponses sont des exemples de tâches qui permettent à l'apprenant d'élargir progressivement ses connaissances langagières, de se constituer des points de références — des schèmes — à partir desquels il pourra analyser les nouveaux contenus qui lui seront proposés.

Dans cette même veine, Oxford (1993), en tenant compte des données de la recherche, a mis au point un guide de sélection d'activités d'écoute en langue étrangère qui s'appuie sur des principes assez semblables à ceux que nous venons d'énoncer. À titre d'exemple, voici cinq d'entre eux :

1. L'activité doit avoir un objectif communicatif.
2. La langue utilisée dans l'activité doit être authentique (celle de l'usager dans la vie de tous les jours).
3. La préécoute est une étape indispensable pour stimuler les connaissances antérieures des apprenants et les aider à trouver l'objectif du texte qu'ils se préparent à entendre.
4. Le contenu du texte doit être intéressant et motivant pour les apprenants.
5. Lorsqu'on utilise des documents visuels, les locuteurs doivent être aussi « visibles » que possible pour permettre aux apprenants d'inférer la signification du texte à partir de la kinésique.

Il s'agit donc de rendre l'enseignement de la compréhension plus vivant, plus efficace, en s'inspirant de ces principes.

LES ÉTAPES DE LA COMPRÉHENSION ORALE ET LE PROJET D'ÉCOUTE

Si l'on veut faciliter l'apprentissage, la segmentation de la tâche de compréhension en quelques étapes demeure essentielle. À cet effet, les didacticiens (Rost, 1990 ; Mendelsohn, 1994) proposent habituellement une démarche en trois temps : la *préécoute*, l'*écoute* et *après l'écoute*. Voyons rapidement en quoi consistent ces étapes et de quelle façon elles contribuent à rendre un document oral plus accessible.

La préécoute

La préécoute est le premier pas vers la compréhension du message et, pour l'apprenant, il est particulièrement utile de mettre en œuvre les connaissances qu'il possède dans un domaine particulier, en somme de sélectionner certains schèmes pour formuler des hypothèses sur le contenu du document qu'il se prépare à écouter. Si l'on a, par exemple, l'intention de proposer un texte portant sur l'environnement, le professeur devra s'assurer que l'apprenant a quelques connaissances sur le sujet et, si tel n'était pas le cas, il s'agirait alors de lui en fournir ou de lui demander d'aller se renseigner sur la question.

Comme le souligne Mendelsohn, pour accomplir la tâche attendue il est également indispensable que les apprenants connaissent la valeur d'expressions introductives comme « Pour être honnête… », ou « Même si je n'ai pas l'intention d'être méchant… ». Ces indices linguistiques, que l'apprenant compétent reconnaît, apportent une certaine collaboration au message et sont une aide précieuse pour inférer le sens. Le ton sur lequel certains énoncés sont prononcés détermine aussi souvent le sens et, de la même façon, la mise en relief de certaines parties de la chaîne sonore (par l'allongement, la hauteur mélodique, la force) peuvent changer la signification du message. Mendelsohn (p. 66) en donne un exemple concret à partir de l'expression *I'm really thrilled* qui peut signifier « Je suis tellement heureux ! » ou « Ça m'est bien égal ! », suivant la hauteur mélodique portant sur le mot « *thrilled* ».

Il s'avère donc nécessaire durant cette phase de diriger l'attention des sujets vers ces éléments essentiels — formes linguistiques, indices acoustiques clés — qui vont l'aider à prédire, à anticiper le contenu du message. La préécoute est aussi l'occasion de présenter le vocabulaire nouveau, un outil indispensable à la compréhension. Il existe plusieurs façons de s'y prendre, entre autres, en utilisant des définitions, en donnant des traductions, en s'aidant de paraphrases, en usant du contexte, etc. On trouvera diverses suggestions méthodologiques dans les travaux de Corbeil et Thérien (1992), Courchêne (1992) et Duquette (1993).

Tréville (1995), pour sa part, souligne que pour être motivante la présentation du vocabulaire doit se faire à partir d'une situation d'échange langagier authentique, celle-ci pouvant être représentée en classe par des textes écrits ou oraux. La démarche méthodologique suggérée comporte une approche analytique (réflexion sur les modes de distribution des mots, leur comportement morphosyntaxique) et une approche « expérientielle » imbriquées, cette dernière consistant en activités d'expression orale et écrite mettant en œuvre le vocabulaire à l'étude. À cet égard, l'auteur présente une série d'exercices originaux destinés à rehausser les connaissances lexicales d'apprenants de niveau très avancé.

Enseigner le vocabulaire en classe de langue (Tréville et Duquette, 1996) nous fait parcourir les principales recherches sur le lexique français à partir d'une méthode d'utilisation très didactique qui saura satisfaire l'enseignant désireux de tester ses connaissances et ses pratiques de classe. En ce qui concerne l'écoute, et plus particulièrement la préparation à l'écoute, les auteurs proposent quelques exercices où la signification du texte peut être anticipée à partir de la présentation de mots clés et de la forme sonore des congénères qui servent de repères sémantiques.

Dans un autre ordre d'idée, et en utilisant une approche assez originale, Taylor (1985) propose comme activité de préécoute un visionnement sans son de films ou de vidéos. Quel est l'avantage de s'en tenir uniquement au visuel ? Selon Taylor, il s'agit d'exposer les apprenants à la réalité socioculturelle du texte qui est alors davantage mise en relief.

L'écoute

La première écoute peut être centrée sur la compréhension de la situation pour faire saisir à l'apprenant le cadre dans lequel le texte prend place. Il est très utile de préparer les apprenants qui possèdent une compétence limitée à reconnaître le contour situationnel à l'intérieur duquel se déroulent les événements. Par exemple, qui sont les intervenants ? Où se déroule la scène ? On peut aussi chercher à savoir si l'apprenant a cerné la nature du document : d'où provient le texte ? à qui s'adresse-t-il ? quel est son but ? L'activité peut également porter sur le contenu informatif du texte. Grâce aux indices qu'il a pu reconnaître, l'apprenant est-il capable d'en distinguer les différentes idées ? Une deuxième écoute est souvent importante pour rassurer les apprenants de niveaux plus faibles. De quelle façon ? En leur permettant de vérifier les données relevées et de pouvoir ainsi compléter leurs réponses. Pour les apprenants de niveau plus avancé, la deuxième écoute peut servir de prétexte à des activités plus complexes, par exemple déterminer la structure d'un passage, faire une synthèse de différentes idées en essayant d'établir un lien logique entre elles, en inférer d'autres, etc.

Le traitement de l'information peut prendre différentes formes en situation scolaire. Lhote (1995, p. 70-71) en a répertorié un bon nombre. On retrouve par exemple :

1. Écouter pour entendre. Dans un brouhaha, on exerce son ouïe pour entendre quelqu'un qui s'exprime normalement sans crier.
2. Écouter pour détecter. On recherche par exemple un accent étranger chez un individu dont on ignore l'origine.

3. Écouter pour sélectionner. On cherche certains indices (linguistiques et phonétiques) qui vont permettre de caractériser un individu qui a peur, qui est en colère, qui est heureux, etc.
4. Écouter pour identifier. Il s'agit de regrouper un certain nombre d'informations qui seront utiles, par exemple pour identifier la personne qui parle.
5. Écouter pour reconnaître. L'activité consiste à reconnaître une personne à sa façon de parler et au contenu de l'information qu'elle donne.
6. Écouter pour lever l'ambiguïté. Ce genre d'écoute, qui nous semble très proche des trois situations précédentes (3, 4, 5), mobilise « différentes compétences linguistiques, perceptives, cognitives et communicatives », selon Lhote (p. 71).
7. Écouter pour reformuler. Par exemple, pour rédiger un résumé il faut savoir pratiquer l'analyse et la synthèse.
8. Écouter pour synthétiser. Cette écoute est complémentaire de la précédente. Il s'agit d'un niveau d'écoute difficile faisant appel à une grande vigilance de la part de l'auditeur.
9. Écouter pour agir. Il s'agit d'une écoute orientée vers l'action. Certains exercices pédagogiques font de cette activité un élément de base de l'écoute, le projet réalisé étant en soi une évaluation de la capacité d'écoute.
10. Écouter pour juger. Il s'agit d'une écoute qui débouche sur un choix, une évaluation d'un événement, d'un individu, etc.

À cette liste, Lhote ajoute des intentions d'écoute pour « reconstituer, deviner, anticiper, transposer, déduire, réviser un jugement, classer, hiérarchiser, etc. » (p. 72).

Cornaire et Tréville (1992) ont proposé une grande variété d'exercices qui s'insèrent à l'intérieur de cette phase d'écoute. À titre d'exemple, citons (p. 163) un « Message de Radio-Campus », document réaliste très court (30 secondes) qui s'adressait à des apprenants de niveau débutant inscrits au programme d'étude sur les habiletés réceptives à l'Université d'Ottawa (dans le premier chapitre de cet ouvrage, nous avons déjà eu l'occasion de présenter les grandes lignes de ce programme).

Listen to the following advertisement from Radio-Campus ; *you will hear it twice. You have 1 minute to read questions 1 to 10 and to become familiar with both the topic and the vocabulary.*

For questions 1 to 9, fill in the blanks using words from the recorded text, according to the example given. For question 10 answer by circling a), b), c) or d).

N.B. (questions 1 to 9) You will not be judged on the spelling.
   1 blank _____ equals 1 word or number.

Vous voulez voyager ? Vous voulez partir au soleil en février ? Adressez-vous à l'agence de voyages de l'Université d'Ottawa. Cette agence est maintenant située au Centre universitaire, pièce 0030, téléphone 236-8001 ; elle est ouverte du lundi au vendredi de 9 h du matin à 5 h du soir. Pour vos voyages d'affaires ou vos vacances, consultez l'agence de voyages de l'Université d'Ottawa.

Questions 1 à 9

   Exemple : Voulez-vous <u>voyager</u>... ?
   1-2. Vous voulez partir au _____ en _____ ?
   3.   pièce _____,
   4-5. elle est _____ du lundi au _____
   6-7. de _____ heures du _____ ...
   8-9. Pour vos _____ d'affaires ou vos _____ consultez...

Question 10

10. Quel est l'objectif du message ?
    a. Informer les étudiants et le personnel de l'Université.
    b. Comparer les prix de deux agences.
    c. Préparer le public à bien voyager.
    d. Attirer les hommes d'affaires de la région.

■ ESSAI DE SYNTHÈSE

Après l'écoute : réinvestir l'acquis dans une tâche réelle

D'entrée de jeu, les apprenants doivent savoir ce que l'on attend d'eux après l'écoute, c'est-à-dire quel projet ils seront amenés à réaliser. Avant même l'étape de préécoute, il est important de clarifier cette question, étant donné que le traitement de l'information est subordonné aux intentions ou aux projets d'écoute. Ainsi, pour pouvoir repérer quelques faits ponctuels (par exemple des horaires en vue d'un déplacement), il faut pratiquer une écoute sélective qui conduit à filtrer et à éliminer l'information inutile. Par contre, l'écoute avec une intention critique (par exemple présenter une critique d'une émission de radio ou de télévision dans un journal d'étudiants) demande d'analyser la valeur des arguments présentés. Il s'agit d'une écoute fine, aux fins d'évaluation.

On insiste beaucoup sur le réinvestissement de l'acquis dans une tâche réelle, signifiante, un moment privilégié pour faire le point sur les apprentissages en mettant à contribution les compétences acquises. Ainsi, le syllabus communicatif/« expérientiel » (Tremblay *et al.*, 1990), qui s'intègre dans quatre sous-programmes (langue, culture, activités communicatives et éducation langagière générale), offre l'occasion aux élèves canadiens de niveaux élémentaire et secondaire, inscrits à différents programmes d'apprentissage de français langue étrangère, de participer à un contexte de vie réelle en les amenant à prendre conscience de leurs « acquis expérientiels » (connaissances, attitudes, comportements par rapport à un domaine d'expérience donné) pour les réinvestir dans une tâche réelle. Notons que ce programme se subdivise en cinq domaines d'expérience qui regroupent des sujets intéressants et adaptés au niveau des apprenants. On y retrouve, par exemple, la dimension physique, regroupant des activités reliées à la survie et au bien-être de la personne (l'alimentation, l'hygiène, etc.).

La démarche pédagogique se déroule en trois temps. Dans un premier temps, l'enseignant propose à l'apprenant une série d'activités qui prennent appui sur les connaissances et l'expérience de l'élève. Dans un deuxième temps, l'élève doit approfondir un certain nombre de tâches qui le conduiront à approfondir ses connaissances sur un sujet donné. Ainsi, dans *Initiation au voyage*, il est mis en contact avec une variété de documents écrits ou oraux (brochures, dépliants, annonces, messages enregistrés, reportages, entrevues), et « l'élève est conduit pas à pas à "vivre" la planification d'un voyage » (p. XV). Dans un troisième temps, l'élève effectue un retour sur les activités de départ en évaluant le chemin parcouru, l'approfondissement de ses connaissances, ses comportements et attitudes face aux sources d'information qu'il a traitées. Pour conclure l'unité, il planifie une sortie qui l'intérese en se joignant à un groupe de quelques élèves.

CONSTRUIRE SON APPRENTISSAGE AU MOYEN DE STRATÉGIES

Les stratégies métacognitives

Les apprenants qui s'inscrivent aux cours de français ont souvent reçu tout au long de leurs études antérieures beaucoup d'informations sur les matières à l'étude… mais peu de formation concernant le processus d'apprentissage. Cette méconnaissance flagrante de l'activité d'apprentissage dans laquelle ils s'engagent peut émousser les énergies du professeur, qui doit répéter maintes fois ses exigences et ses consignes, et créer un climat de morosité en classe. Que faire ? Comment s'assurer, lorsqu'on donne des renseignements ou des instructions, que le message est bien reçu, que l'apprenant sait ce qu'il doit faire, comment le faire, et pourquoi ? Aujourd'hui, le virage stratégique est bien amorcé et les stratégies d'apprentissage font partie des compétences qu'il faut aider l'apprenant à acquérir.

■ ESSAI DE SYNTHÈSE

La métacognition a été décrite comme une composante essentielle permettant de différencier les apprenants qui réussissent de ceux qui rencontrent des difficultés d'apprentissage ; elle conduit à mettre l'accent sur le rôle de la conscience, sur l'évaluation et la gestion de soi en reliant nécessairement les connaissances et les facteurs cognitifs et affectifs. En somme, il y a deux niveaux importants dans la métacognition, celui de la connaissance et celui du contrôle (Tardif, 1992).

Pouvoir vérifier et corriger sa performance (*monitoring*) est donc une étape incontournable dans le processus d'apprentissage de la compréhension. À cet égard, Dollaghan (1987) offre des suggestions aux enseignants du primaire en langue maternelle pour entraîner leurs apprenants à utiliser cette stratégie. Cette réflexion pourrait servir de piste pour l'élaboration de modèles d'intervention dans le domaine de la métacognition en langue étrangère.

Pour permettre justement à l'apprenant de se prendre en main, Legoux et Riel-Salvatore (1995) ont conçu deux types d'activités. Il s'agit d'activités de sensibilisation au processus d'apprentissage et d'activités pour apprendre à apprendre. La première série d'activités, qui pourrait faire partie de la phase initiale d'un cours de compréhension, a pour objectif de rendre l'apprenant conscient :

1. de ce qu'il fait quand il apprend une langue,
2. de ce qu'apprendre une langue implique comme travail en classe,
3. de ce qu'il possède déjà comme acquis,
4. de ce qu'il peut faire pour s'aider (stratégies à mettre en œuvre),
5. de ce à quoi on s'engage quand on s'inscrit à un cours de langue.

(p. 75).

À partir de grilles, de listes, de diagrammes, ces didacticiennes amènent l'apprenant à comprendre très clairement ce que l'on attend de lui. Ainsi, pour que l'apprenant ait une juste idée de ses forces et de ses faiblesses, on lui demande, à partir de la liste préétablie qui suit, d'attribuer une cote de pertinence aux éléments qui jouent un rôle dans son apprentissage.

Indiquez vos points forts et vos points faibles.

1. Mon accent.
2. Mon vocabulaire.
3. Ma facilité à communiquer.
4. Ma réaction quand on me fait remarquer une erreur.
5. Mes connaissances de l'orthographe.
6. Ma formation de base en grammaire.
7. Mon enthousiasme.
8. Une idée claire de mes objectifs.
9. Ma capacité à me motiver, même dans les activités les moins stimulantes. […]
12. Ma mémoire. […]
14. Ma personnalité. […]
35. Mon habitude de réutiliser systématiquement ce que j'ai appris.

Les activités pour apprendre à apprendre ont pour objectif de faire connaître et utiliser certains documents. Il s'agit de montrer à l'apprenant, par exemple, comment se servir d'un dictionnaire ou produire un système pour essayer de mémoriser le genre de certains substantifs (système de fiches, ou autre), etc. Ce sont des stratégies (métacognitive et mnémonique) qui peuvent aussi avoir leur place dans un cours de compréhension orale.

Pour poursuivre cette réflexion « autoévaluative », nous aimerions rendre compte des tentatives de Germain-Rutherford (1995) pour engager des apprenants (de Middlebury College [VT] et de l'université Trent) à utiliser le français langue étrangère dans une variété de situations linguistiques réelles, par le biais d'activités diverses (aborder un francophone, initier une discussion avec un ou plusieurs francophones, etc.), et à les amener à intervenir dans leurs processus d'apprentissage grâce à l'utilisation de questionnaires d'autoévaluation. Même si les expériences n'ont pas apporté de transformations radicales « mesurables », la mise en place de ces activités pratiques (en ouvrant la classe vers l'extérieur) et autoévaluatives portent ses fruits surtout à l'oral (compréhension et expression), en permettant de resituer l'apprenant au centre de son apprentissage. Une plus grande confiance en soi, une plus grande motivation, pour dépasser un certain niveau de compétence, font également partie des résultats très encourageants apportés par ces activités. Germain-Rutherford propose des exemples de fiches d'autoévaluation et de questionnaires de placement, à utiliser au début d'un cours, à des fins d'évaluation de la compétence en compréhension orale et expression orale. Voici un exemple de fiche d'autoévaluation que l'apprenant utilise à la suite d'une activité.

Fiche d'autoévaluation
(pour chaque mise en pratique)

1) De façon générale, êtes-vous satisfait de votre perfomance ? oui/non/pourquoi ?

Les aspects négatifs :

2) Quels ont été les problèmes particuliers ?
   — Des lacunes en grammaire, en vocabulaire ? (Pouvez-vous les définir précisément ?)
   — Un problème de niveau de langue ? (Difficulté de reconnaître ou d'utiliser les formes et le vocabulaire qui correspondent au niveau de langue de la situation ?)
   — Des problèmes de méconnaissance de certains aspects culturels, référentiels, qui vous empêchent de bien comprendre votre interlocuteur ?
   — Autre ?

Les aspect positifs :

3) Quels éléments pensez-vous avoir bien maîtrisés lors de cette conversation ?
   — Vous vous êtes toujours senti(e) maître de la situation ou bien intégré(e) à la situation ?
   — Votre connaissance de la langue (grammaire, vocabulaire, prononciation) vous a permis d'initier et de participer pleinement à la conversation ?
   — Votre connaissance et compréhension de la culture et de la vie sociale française vous a permis de suivre sans difficulté la conversation ?
   — Autre ?

4) À votre avis, que vous a-t-il manqué le plus ?

5) Avez-vous des commentaires supplémentaires ?

6) Vous avez pratiqué cette mise en pratique ...... fois.

Sur une échelle de 1 (très faible) à 5 (excellent), où situez-vous votre performance ?

   Tentative 1 : 1   2   3   4   5
   Tentative 2 : 1   2   3   4   5
   Tentative 3 : 1   2   3   4   5

(p. 51-52)

■ ESSAI DE SYNTHÈSE

Les stratégies cognitives

Parmi les stratégies cognitives traditionnellement reconnues auxquelles l'auditeur fait appel en cas de besoin, ou retrouve l'utilisation des connaissances antérieures, l'utilisation de l'inférence, l'utilisation du contexte et l'utilisation de la prédiction ou de l'anticipation. Il existe également des stratégies relatives au traitement du texte qui doivent être enseignées en respectant la progression dans le niveau de difficultés de chacune d'entre elles, par exemple, repérer une information précise, associer différentes informations pour en faire une synthèse, pouvoir les relier à ses connaissances antérieures afin de porter un jugement critique sur le texte.

De nombreux manuels présentent désormais des activités qui s'inscrivent dans le cadre d'un enseignement de ces stratégies cognitives. En voici des exemples puisés dans du matériel particulièrement riche et motivant.

Dans *Chouette* (Courtel et McKinley, 1990; sous la direction de Duplantie), méthode d'enseignement du français langue étrangère destinée aux élèves de 9 à 12 ans, l'accent est mis sur le vécu des apprenants ainsi que sur leurs connaissances générales. Les activités d'écoute sont nombreuses et de natures diverses (histoires, dialogues et chansons enregistrés sur cassette et accompagnés dans le manuel de l'élève d'une partie visuelle présentée sous forme de dessins, d'illustrations, de photos). Ainsi, dans la leçon 3, dont l'objectif est de faire comprendre une chanson où l'on relate une expérience dans la nature, durant la nuit, on commence à faire prendre conscience à l'apprenant de ce qu'il connaît du domaine de référence de la chanson. Voici, à titre d'exemple, quelques questions que l'enseignant pose à l'élève :

> — Toi, X, tu as déjà campé dans un parc... Est-ce que tu as entendu des bruits bizarres, étranges, la nuit ?
> — Qu'est-ce que tu as entendu ?
> — Est-ce que tu as eu peur ?
> — Toi, Y, qu'est-ce que tu as vu ?
> — Est-ce que tu as eu peur ?
> — Etc.

(p. 79)

Élans (Duplantie *et al.,* 1990), méthode de français langue étrangère destinée à des adolescents, présente également de nombreuses activités d'écoute qui visent à amener les apprenants à consolider leurs acquis ainsi que plusieurs consignes relatives au traitement de l'information. Voici deux exemples de consignes :

> — N'oublie pas de concentrer ton attention sur les renseignements que tu cherches (p. 26).
> — Ne te décourage pas si tu ne comprends pas tout. Écoute seulement pour vérifier tes réponses (p. 74).

Wilcox-Peterson (1991) a répertorié les méthodes utilisées en anglais langue étrangère qui favorisent une écoute interactive et la mise en œuvre de stratégies (*a synthesis of methods for interactive listening*). Elle fournit de très bons exemples d'activités pour différents niveaux d'apprentissage, tout en tenant compte de la façon dont se construit le sens du texte à partir des modèles du bas vers le haut, du haut vers le bas, interactif. Ces références aux modèles sont des indications fort utiles pour orienter les choix des enseignants en matière d'activités et préciser leurs exigences sur le plan cognitif. En voici quelques exemples.

1. Niveau débutant

A) *Modèle du bas vers le haut*
Repérer des variations morphologiques

- Écoutez les énoncés qui suivent. Encerclez « oui » si le verbe se termine par *ed*, ou non si ce n'est pas le cas (Hagen, p. 77).
- Écoutez les énoncés qui suivent. Sur votre feuille de réponse, vous retrouvez trois formes de verbes. Encerclez la forme contenue dans l'énoncé (Hagen, p. 78).

B) *Modèle du haut vers le bas*
Travailler l'écoute perceptive

Écoutez ces messages et cochez dans la colonne qui correspond aux réactions émotives suivantes : intérêt, joie, surprise, déception (Abraham et MacKey, p. 102).

2. Niveau intermédiaire

A) *Modèle du bas vers le haut*
Reconnaître des enchaînements

Écoutez cette série de courtes phrases avec des enchaînements consonantiques. Indiquez ces enchaînements sur votre feuille de réponses (Hagen, p. 13).

B) *Modèle du haut vers le bas*
Faire des inférences

Écoutez ces énoncés. Après chacun d'eux, répondez aux questions suivantes : Où se trouvait le locuteur, à votre avis ? Quels étaient ses sentiments ? À quoi faisait-il allusion ? (Hagen p. 19)

3. Niveau avancé

Modèle interactif
Découvrir une erreur lexicale

Écoutez ce passage et rectifiez le terme incorrect en proposant celui que le locuteur aurait dû utiliser. Indiquez quels indices vous ont mis sur la bonne voie (Aebersold *et al.*, p. 113).

Mendelsohn (1994) a cerné les points forts d'un cours basé sur l'enseignement de stratégies. Sur le plan du contenu, il favorise des dialogues nombreux où les locuteurs s'expriment naturellement, mais clairement. En se fondant sur son expérience d'enseignant et sur une série de méthodes, Mendelsohn propose un grand choix d'activités qui peuvent servir de modèles pour planifier des exercices visant l'enseignement de stratégies cognitives et métacognitives, à différents niveaux d'apprentissage. Il mentionne, par exemple, que l'exercice qui suit est particulièrement utile pour encourager les apprenants débutants et faux débutants à deviner, anticiper l'information dans le texte qu'ils vont travailler. Dans cet exercice, les apprenants entendent le début d'un énoncé et essaient de le compléter :

— D'après son bulletin de notes ma sœur a bien réussi. Mais je...
— Il a dit qu'il allait le faire. Mais...
— Mon ami est parti, mais je...
— ...

(p. 103)

Voici un exercice plus difficile, destiné à des apprenants avancés à qui on demande d'établir le lien entre deux énoncés en faisant une inférence :

— X : Qu'il est fatigant ce chat ! Il est encore resté dehors.
— Y : Je suis couché !

(Inférence : X aimerait que Y fasse rentrer le chat.)

(p. 105)

Mendelsohn (1995) souligne que les apprenants en début d'apprentissage doivent apprendre à se débarrasser de mauvaises habitudes et en particulier de celle-ci : écouter intensément pour essayer de saisir chaque bribe d'information alors qu'ils ne possèdent pas encore les connaissances linguistiques pour pouvoir mener à bien cette tâche. Pour sensibiliser les étudiants à accepter une certaine imprécision, ce pédagogue utilise une approche basée sur la mise en œuvre de stratégies. Ainsi, au tout début du cours, les apprenants écoutent une bande sonore qui regroupe une trentaine de courts textes en hébreu, une langue qu'ils ne connaissent habituellement pas. L'activité est présentée comme s'il s'agissait d'un jeu et ils doivent alors essayer de découvrir d'où proviennent les textes, à qui ils s'adressent, etc. Grâce à des indices, comme le ton de la voix, la vitesse du débit, etc., les étudiants parviennent, à leur grande surprise, à identifier un certain nombre d'éléments importants. Une deuxième étape consiste alors à leur faire écouter, en anglais, les mêmes types de textes, tout en posant des questions de compréhension similaires. Comme le souligne Mendelsohn, cette activité a l'avantage de mettre l'apprenant en confiance en l'amenant à exploiter toutes les ressources (ou stratégies) à sa disposition pour franchir les obstacles.

En dressant le bilan d'une vingtaine d'années de recherche dans le domaine des stratégies, Chamot (1995) constate qu'il y a encore du chemin à parcourir, en particulier en ce qui a trait au lien existant entre les stratégies d'apprentissage et de compréhension. À cet égard, elle propose des plans d'action visant la pratique de stratégies d'apprentissage dans les cours de compréhension :

1. Découvrez quelles stratégies vos apprenants utilisent durant les activités de compréhension. Ainsi, immédiatement après une activité, demandez-leur de rapporter les idées qui leur venaient à l'esprit alors qu'ils écoutaient un texte. Quelques questions peuvent faciliter le processus. Par exemple, quels éléments vous ont aidés ? Quelles difficultés avez-vous rencontrées ? Comment les avez-vous surmontées ? Existait-il d'autres moyens pour franchir les obstacles ? Notez les réponses des apprenants afin de pouvoir les réutiliser le cas échéant.

2. Sélectionnez une ou deux stratégies qui n'ont pas vraiment été utilisées et qui pourraient aider les apprenants. Expliquez-leur pourquoi et dans quelles circonstances elles pourraient se révéler utiles.

3. En utilisant la technique de la réflexion à haute voix, montrez de quelle façon vous utilisez l'une de ces stratégies pour surmonter une difficulté, par exemple la compréhension d'informations nouvelles dans un texte. Verbalisez ce qui vous vient à l'esprit dans la phase de préécoute du texte. Écoutez ensuite un court extrait de texte, puis arrêtez la bande en essayant encore une fois de verbaliser vos pensées (Confirmez-vous ou rejetez-vous votre hypothèse de départ ? Avez-vous rencontré des mots inconnus ? Qu'avez-vous fait dans un tel cas ?). Après avoir écouté deux ou trois extraits, en procédant pour chacun d'eux de la même manière, durant les pauses ménagées pour la réflexion à haute voix, dites brièvement ce que vous en retenez et précisez les stratégies utilisées.

4. Demandez aux apprenants de décrire ce qu'ils viennent d'observer. Si cela est nécessaire, posez quelques questions. Par exemple, comment ai-je procédé avant l'écoute, durant l'écoute, après l'écoute ?

5. Demandez aux apprenants de mettre en œuvre la stratégie que vous venez de présenter, à partir d'un extrait de texte. Cette étape franchie, invitez-les à vous faire part de leurs commentaires au sujet de l'activité (incluant les difficultés rencontrées dans la mise en œuvre de la stratégie). Ce type d'exercice devra être répété plusieurs fois sur une base régulière, surtout si vous avez affaire à des apprenants peu familiers avec l'usage de stratégies.

6. Continuez à encourager les apprenants à utiliser les stratégies qu'ils mettent en œuvre lors de nouvelles tâches. Tenir un journal les aide souvent à évaluer le chemin parcouru et, au besoin, ajuster leur démarche en conséquence.

(p. 24 et 25)

■ ESSAI DE SYNTHÈSE

LA PRATIQUE PHONÉTIQUE : UN ÉLÉMENT ESSENTIEL À L'APPRENTISSAGE DE LA COMPRÉHENSION

Même si l'on est d'accord pour affirmer que la compréhension d'un texte résulte de l'activation de schèmes, selon un modèle du haut vers le bas, il n'en reste pas moins que les hypothèses ou les idées générales que l'auditeur se fait du contenu d'un texte doivent être vérifiées par rapport au flux acoustique. Comme nous l'avons vu dans le chapitre 5, portant sur le décodage auditif, l'introduction d'une pratique phonétique est essentielle à la compréhension, en facilitant le découpage des énoncés en unités perceptuelles.

La remise à l'honneur de la phonétique dans les cours s'est concrétisée par la parution de manuels, de fiches pédagogiques pour la didactique de la phonétique et pour l'autoformation des enseignants (Champagne-Muzar et Bourdages, 1993 ; Desgroseillers, 1993 ; Lhote, 1995). Grâce à ces instruments concrets et résolument pratiques, les enseignants peuvent envisager de façon un peu plus sereine l'enseignement de la phonétique.

Dans *Le Point sur la phonétique en didactique des langues* (1993), Champagne-Muzar et Bourdages offrent différents types d'exercices pour sensibiliser l'apprenant (enfant, adolescent, adulte) aux faits phonétiques et à la discrimination auditive, à partir d'exemples tirés de manuels d'enseignement conçus pour la pratique phonétique en langue étrangère. Nous renvoyons notre lecteur à cet ouvrage qui présente un bon ensemble de points de vue éclairés sur différents aspects de cet enseignement.

S'il s'agit de jeunes élèves (deuxième et neuvième années), les fiches que l'on retrouve dans *Contact* (Desgroseillers, 1993) présentent également un certain intérêt pour développer l'écoute et la mémoire auditive.

Persuadée de la nécessité de réintégrer une pratique phonétique dans les phases de production et de compréhension en français langue étrangère, Lhote (1995) tente de répondre à la fois au besoin des enseignants et des apprenants en proposant des activités d'autoformation ainsi que des exercices pour « apprendre à percevoir dans une langue étrangère » (p. 79).

Voici d'abord une pratique d'autoformation destinée au professeur qui observe son propre fonctionnement et se met à l'épreuve.

Activité 1

Objectif : savoir si vous maîtrisez correctement la différence de production entre sons voisés (sonores) et sons non voisés (sourds).

Phase 1. Prononcez une voyelle en la faisant durer ; pendant ce temps, approchez les doigts de votre cou, au niveau de la pomme d'Adam, et pressez doucement ; vous devez sentir une vibration durant la voyelle.

Phase 2. Prononcez le son [z] en le faisant durer le plus longtemps possible : vous devez sentir les mêmes vibrations au contact de vos doigts. Passez ensuite à [s] : vous ne devez plus rien sentir. Répétez l'expérience jusqu'à ce que vous ayez l'impression de bien faire la différence.

Ce que vous venez de pratiquer est un moyen pédagogique efficace d'associer l'articulation du son à sa perception tout en faisant prendre conscience de l'activité motrice spécifique qui différencie les consonnes sourdes (non voisées) et les consonnes sonores (voisées) en français. Prêtez attention à la dernière nuance : ce n'est pas parce que le voisement se réalise, en français, par la présence ou l'absence de vibration des cordes vocales que l'on peut en déduire que le voisement se réalise ainsi dans les autres langues. Il s'agit d'une spécificité fran-

---

(p. 33)

En dehors de ces pratiques d'autoformation, Lhote présente des activités pédagogiques pour travailler la prononciation de groupes phonétiques difficiles (par exemple « Je t'ai dit » [ʃtedi], pour développer plusieurs types d'écoute — globale, analytique, perceptive —, etc.), des exercices pour travailler le rythme, etc. Lhote souligne qu'il existe une difficulté d'apprentissage du rythme dans une langue nouvelle et propose à cet effet de nombreux exercices où l'on apprend à dégager les structures rythmiques en commençant par un rythme simple, tel que dans l'exercice qui suit.

> **Phase 1**. Commencer par un rythme simple, c'est-à-dire une succession de groupes rythmiques d'égale longueur (en nombre de syllabes).
>
> Les enfants (3)/ne vont pas (3)/à l'école (3)/tous les jours (3)/.
> Mes meilleurs amis (5)/ne sont pas toujours (5)/de bons conseillers (5)/quand j'en ai besoin (5).
>
> Ces deux phrases utilisent chacune un seul rythme de base : la première, des suites de trois syllabes, et la seconde, des suites de cinq syllabes.
>
> Le travail à effectuer sur la deuxième phrase est important, car la plupart des non-francophones ne réussissent pas à réaliser des groupes de cinq syllabes sans couper, ce qui a souvent pour conséquence de perturber la compréhension de l'auditeur.
>
> **Phase 2**. Passer à des rythmes complexes (nombre de syllabes variable).
>
> Les enfants (3) iront toujours (4) à l'école (3) le vendredi (4).
>
> Pour faciliter la réalisation « coulée » de cette phrase, utiliser l'image de la vague que l'on évoque de la main en un mouvement de roulement. Cette image est destinée à favoriser l'assimilation : une image bien choisie, suggérée au bon moment, va déclencher des mécanismes de mémorisation en rattachant des éléments nouveaux à des représentations mentales antérieures. Les images sont d'autant plus efficaces qu'elles font appel à la sensibilité de chacun. Étant donné la diversité des individus, il est bon de varier les images, de changer de champ sémantique et d'utiliser des références culturelles adaptées.
>
> Le stade suivant consiste à faire produire par les élèves des phrases dont ils contrôlent bien les séquences rythmiques (en nombre de syllabes). Il ne faut pas s'attendre à ce que chacun puisse rapidement proposer de nouvelles images en relation avec les groupes rythmiques.

(p. 94)

Knoerr (1996), dans un article substantiel, présente un cours de phonétique en français langue étrangère orienté vers un public d'adultes, dont on peut tirer des enseignements pour l'introduction d'une pratique phonétique dans les cours de compréhension à l'intention de cette clientèle. L'auteur adopte une approche émancipatrice où la position de centration sur l'apprenant n'est plus un lieu commun, mais une réalité. C'est ainsi qu'en s'appuyant sur cinq principes andragogiques se rapportant à la conception de l'apprenant, au rôle de l'expérience, au moment opportun pour apprendre, à l'orientation de l'apprentissage et à la motivation, Knoerr en tire des leçons concrètes pour enseigner la phonétique. L'apprenant étant conçu comme un individu autonome et responsable de son apprentissage, il s'agira, par exemple, de prendre en compte cette spécificité en ménageant un climat où la compétitivité cède la place à la coopération, en établissant un diagnostic de ses besoins, en donnant à l'apprenant les ressources nécessaires pour combler ses lacunes, etc. Une expérience intéressante tant au niveau des principes que des moyens employés pour leur mise en œuvre.

LES NOUVELLES TECHNOLOGIES ET LEUR APPORT SUR LE PLAN DE LA COMPRÉHENSION

Quelle place accorder aux nouvelles technologies dans nos cours de compréhension orale en langue étrangère ? Peut-on rendre l'enseignement vraiment interactif et communicatif en le faisant sortir des limites de la salle de classe ? Comment intégrer à notre enseignement les nombreux didacticiels qui existent déjà et former les apprenants à les utiliser dans le cadre d'un laboratoire de langue redéfini ? Voilà des questions que l'on se pose volontiers aujourd'hui, puisque l'on ne peut ignorer les nouveaux modes de communication apparus sur le marché.

Au cours des dernières années ont paru de nombreuses publications sur l'utilisation des technologies dans l'enseignement des langues, qu'il s'agisse d'ouvrages (Dunkel, 1990; Compte, 1993), ou d'articles (Moisan, 1986; Bisaillon, 1994, 1995a, 1995b, 1996; Bettin, 1996). Comme le souligne Bisaillon (1996, p. 199), « la compréhension orale est sûrement l'une des habiletés langagières où les nouvelles technologies ont un rôle important à jouer à cause du potentiel sonore et visuel qu'elles possèdent ».

Dans un premier temps, nous aimerions rapporter quelques « tours » du métier dont Compte parsème son ouvrage intitulé *La Vidéo en classe de langue* (1993). Nous aborderons ensuite la question des supports informatisés, et leurs possibilités d'intégration dans les cours de compréhension.

La vidéo en classe de langue

L'ouvrage de Compte, une spécialiste consacrée de l'enseignement des langues par la télévision, nous convainc que la télévision représente l'une des meilleures sources de données culturelles et la plus accessible qui soit. À ce titre, elle offre un éventail de possibilités à l'enseignant à partir de documents variés : journaux, séries ou feuilletons, débats, publicité.

Comment, par exemple, choisir un document vidéo dans un cours de langue ? Quels éléments peut-on exploiter ? Cet ouvrage nous donne les moyens de répondre à ces questions. Pour choisir un document il est bon de le visionner sans son, ainsi on s'assure que l'image fournit suffisamment de points d'accroche pour la compréhension. Par ailleurs, il est important de repérer la présence à l'écran d'éléments socioculturels qui doivent cependant être en nombre limité, lorsque le niveau des apprenants est faible. La compréhension est facilitée : 1) lorsque le sujet de l'action est présent à l'écran (au lieu de commenter ses actions); 2) lorsqu'on utilise des structures narratives classiques : introduction, développement, conclusion; 3) lorsqu'on emploie des stéréotypes « universels » comme on en trouve en général dans certaines scènes de feuilletons; et 4) lorsque les effets humoristiques n'ont pas une trop forte connotation socioculturelle (p. 22).

Un travail à partir de l'image peut mener à la compréhension du texte, même pour des apprenants de niveau linguistique limité. Avec des débutants, l'identification des personnages, de leurs actions, etc., se fait facilement à partir des grilles suivantes données à titre d'exemple par Compte (p. 23).

Aspect physique	Vêtements	Actions	Caractère	Évaluation
grand/petit blanc/brun etc.	jeans blouson	achète une rose	romantique sérieux	sympathique antipathique

Aux descriptions de l'exemple précédent s'ajoute le « pourquoi ? » qui permet de faire des hypothèses sur les intentions du personnage.

Le personnage :

— Comment est-il vêtu ? Pourquoi ?
— Quels mouvements fait-il ? (il marche, il court, il s'arrête, il gesticule)
— Où se trouve-t-on ? Pourquoi ?

Les actions :

— Que fait le personnage ? Pourquoi ?

■ ESSAI DE SYNTHÈSE

Les supports informatisés

Même s'il date déjà d'une dizaine d'années, l'article de Moisan (1986), qui fait le point sur les études touchant le vidéodisque et son utilisation dans l'enseignement des langues étrangères, demeure intéressant. On retrouvera en particulier plusieurs présentations de prototypes de vidéodisques interactifs créés pour l'enseignement des langues et dont elle montre les avantages et les lacunes (par exemple, *Montevidisco* pour l'espagnol, *German Gateway* pour l'allemand, *Flight* pour l'anglais, et *Peau d'âne* pour le français). Parmi les vidéodisques qui pourraient être utiles pour l'enseignement de la compréhension orale en français, nous avons relevé *Vi-Conte* et *Camille* que nous aimerions présenter brièvement.

Vi-Conte (Mydlarski *et al.,* 1992) est un vidéodisque mis au point par les universités de Calgary et de Guelph pour servir d'outil à l'enseignement du français langue étrangère et de la culture canadienne-française. Élaboré à partir de la production de Radio-Canada *CRAC* (un dessin animé réalisé par Frédéric Back), le récit présente l'histoire d'une famille à travers les péripéties d'un rocking-chair fabriqué par un jeune homme pour sa fiancée. De l'avis des auteurs, « *Vi-Conte* assure au départ une solide compréhension orale, à l'aide d'apports visuels, pour s'engager ensuite sur la voie de la narration, de préférence à celle du dialogue » (Guide pédagogique, préface, p. IX). Outre cette qualité, il donne accès à plusieurs informations complémentaires, en particulier culturelles. *Vi-Conte* amène l'apprenant débutant ou intermédiaire à apprécier la culture canadienne-française avec ses valeurs à la fois traditionnelles et contemporaines. Voilà un instrument qui s'insère très bien dans un programme de compréhension orale.

Camille (Chanier et Pothier, 1996), élaboré en France, est un environnement d'apprentissage multimédia pour se perfectionner en français des affaires. Il s'adresse à des apprenants de niveaux intermédiaire et avancé en les confrontant au problème de la négociation (*À la recherche d'un emploi*) et de la vente (*L'Acte de vente*) dans deux entreprises françaises très différentes : une PME (petite ou moyenne entreprise) et une agence de voyages. À titre d'exemple, le premier CD-Rom met en scène deux personnages, Catherine et Gérard, à la recherche d'un emploi. Cette situation les conduit à assister à des entretiens d'embauche, prendre des rendez-vous, rédiger des curriculum vitae... dans 33 activités, où l'on travaille la compréhension orale ainsi que les autres habiletés, en 25 heures de pratique interactive du français. Des informations complémentaires figurent par ailleurs sur le CD-Rom : aide grammaticale, réseaux lexicaux, travail sur la gestuelle, renseignements sur la civilisation (les études, les salaires, le travail en France...). Même si le contexte est français (de France), cet instrument se révèle d'une grande richesse didactique en permettant de moduler adéquatement l'aspect dynamique et interactif de l'oral. Pour l'enseignement de la compréhension orale, ces avantages restent précieux.

L'ensemble de logiciels *CartSuite* (mis au point par Tandberg et distribué par Thorvin Electronics Inc., Oakville) permet de préparer du matériel didactique oral et écrit dans toutes les langues. Ce sont des outils attrayants pour la préparation d'exercices bien adaptés aux objectifs d'un programme de compréhension orale. Ainsi, *VoiceCart*, qui fait partie de cette série, donne un accès rapide (son et image) à une série de textes oraux qui peuvent être créés par l'enseignant. L'apprenant peut réécouter le texte autant qu'il le veut, il peut même n'écouter qu'une phrase ou un seul mot. S'il a mal compris un mot, l'apprenant a alors le loisir de consulter un lexique élaboré par l'enseignant. Les possibilités d'exercices sont nombreuses, tout dépend de l'imagination des enseignants. Alors, enseignants, à vos ordinateurs !

■ ESSAI DE SYNTHÈSE

Bien entendu, *Internet* offre de multiples ressources pour l'enseignement des langues « pourvu que vous et vos étudiants chaussiez les bottes de l'internaute », comme nous y invite Bettin (1996, p. 1), qui nous fait partager son expérience de navigatrice « high-tech ». Laissez-vous inviter au voyage...

En ce qui concerne l'aspect phonétique, signalons le programme *Video Voice* (*Micro Video*, Ann Arbor) qui pourrait être un outil intéressant pour les professeurs d'anglais langue étrangère, selon St. John (1995), même si, au départ, *Video Voice* a été conçu pour venir en aide aux pathologistes du langage. De façon plus précise, ce programme permet à l'apprenant d'améliorer sa prononciation en étudiant la spécificité des sons ainsi que les règles phonologiques qui se rattachent à la production des suprasegmentaux, de juger de sa capacité à imiter un locuteur natif (au moyen d'une rétroaction visuelle des essais de prononciation), de mettre en œuvre des stratégies qui conduisent habituellement à des améliorations dans le domaine de la compréhension. En dehors de ces possibilités, le programme fournit à l'enseignant des moyens de diagnostiquer les difficultés des apprenants. En somme, c'est un programme assez souple, qui pourrait s'inscrire dans une approche cognitive, et susceptible de servir efficacement l'apprentissage de l'oral, compréhension et expression.

On commence à peine à estimer l'efficacité de ces nouvelles technologies pour l'enseignement des langues. C'est ainsi que dans le cadre d'un projet amorcé par le département des langues modernes de l'Université d'Ottawa et par l'Institut canadien du service extérieur, Desmarais (1995) a évalué de façon quantitative et qualitative le programme multimédia *Exito*, distribué par Analysas Corporation Inc. et visant l'apprentissage de l'espagnol. Ce programme, conçu pour des adultes ayant à vivre en milieu hispanophone, présente une langue réelle dans des situations propres à des adultes (par exemple, certaines situations socioprofessionnelles).

Deux sujets de niveau débutant et un sujet de niveau faux débutant ont achevé les dix leçons du programme en une trentaine d'heures. Au terme de l'essai, ils ont subi un test de compétence où l'on a évalué à la fois l'expression orale et la compréhension orale. Ces sujets ont également répondu à un questionnaire permettant d'évaluer divers aspects du programme (activités d'apprentissage, structure du corpus, etc.). L'ensemble des résultats obtenus, tant quantitatifs que qualitatifs, indique que le programme *Exito* est un outil utile pour l'apprentissage de l'espagnol (compréhension et expression orale).

Quant aux nouvelles technologies, elles ont, selon nous, un avenir certain. Pour notre part, nous pensons qu'il ne s'agit pas d'un autre piège séducteur, sans grand effet à long terme, mais d'outils passionnants qui devraient stimuler l'attention de nos apprenants. Ces technologies deviendront ce que nous en ferons : un échec comme le laboratoire de langue, où une solution pour l'apprenant... et l'enseignant.

L'ÉVALUATION DE LA COMPRÉHENSION

En terminant ce chapitre, et cette deuxième partie de l'ouvrage, nous aimerions aborder très brièvement la question de l'évaluation de la compréhension orale. Il ne s'agit pas de retracer ici des recherches importantes dans le domaine mais de présenter quelques exemples d'instruments de mesure qui pourraient offrir une estimation acceptable des capacités des apprenants en compréhension orale. De façon générale, la recension des écrits (voir Buck, 1990, 1991, 1992 ; Dunkel *et al.,* 1993) témoigne d'un effort pour accorder une certaine importance à l'évaluation de la compréhension orale et rend manifeste le besoin de continuer à se pencher sur l'élaboration d'instruments de mesure, en suivant son intuition, puisqu'il n'existe pas encore de consensus sur une théorie de la compréhension (en langue maternelle ou étrangère) sur laquelle on pourrait s'appuyer (Buck, 1990).

À partir d'une banque de tests en anglais et en espagnol, Thompson (1988) a élaboré un test de compétence en compréhension orale et écrite en espagnol, à l'intention des élèves du primaire. 121 enfants inscrits dans différents programmes dans les États du Maryland, du Michigan et du Vermont ont participé à sa validation. Des analyses statistiques ont démontré sa fiabilité et son utilité en tant qu'instrument de mesure.

Dans la lignée des travaux en évaluation, Dunkel *et al.* (1993) ont proposé un cadre pour l'élaboration de tests de compréhension où l'on tient compte à la fois des individus soumis au test, de leur fonctionnement cognitif, des types de textes, des tâches, de la méthode de correction et du contexte socioculturel dans lequel s'inscrit l'évaluation. Il s'agit d'un modèle assez complexe incluant un assez grand nombre de variables, ce qui peut le rendre difficile à utiliser.

Hansen et Jensen (1994) ont mis au point un test de classement destiné aux apprenants étrangers qui suivent des cours intensifs d'anglais. Ce test, validé, qui départage les apprenants débutants des avancés, comprend deux parties : une partie générale portant sur l'écoute de trois ou quatre dialogues (d'une durée de 30 secondes à 1,5 minute, chacun), illustrant des thèmes comme les achats, la planification d'un voyage, etc., et une partie scolaire portant sur l'écoute de deux exposés (d'une durée de 3 à 5 minutes chacun) sur deux disciplines différentes, l'une technique et l'autre non technique.

Laurier (1995) a proposé un test de classement qui mesure les habiletés orales tout en se modelant sur l'apprenant, adolescent ou adulte. La première partie, portant sur la compréhension orale, se compose de trois sous-tests, donnés en groupe. Elle est entièrement prise en charge par une bande vidéo où l'on explique les consignes, en présentant au moyen d'images, fixes ou animées, des situations usuelles de communication sur lesquelles porte une première série de 18 questions à choix multiples. L'apprenant choisit l'énoncé le plus approprié à la situation. En permettant d'évaluer à la fois des aspects importants de la compétence sociolinguistique et la maîtrise de plusieurs distinctions sémantiques, ce sous-test fournit aussi des données sur le niveau général des apprenants.

Un deuxième sous-test, à partir d'images fixes, vise à repérer les apprenants qui ont une connaissance limitée du français. Les sujets regardent les images et indiquent si chacune des douze phrases qu'ils entendent correspond aux situations représentées. Des formulaires autocorrigibles permettent aux apprenants de compter les bonnes réponses avant de passer au troisième sous-test. Les apprenants qui obtiennent un résultat faible (18 ou moins) quittent la salle pour se soumettre à une entrevue conçue pour débutants, alors que les autres, c'est-à-dire les apprenants de niveaux intermédiaire et avancé, vont visionner trois passages vidéo (un document authentique et deux documents semi-authentiques) accompagnés chacun de cinq questions à choix multiples. Le score total détermine vers quelle entrevue — la deuxième partie du test — l'apprenant sera acheminé (entrevues pour avancés ou intermédiaires). Comme le souligne Laurier, l'intérêt principal de ce test réside dans le fait qu'il s'adapte à l'apprenant en donnant une estimation précise de son niveau, sans devoir lui faire subir une série de tâches qui ne correspondent pas à sa compétence réelle.

Thompson (1995) a présenté un assez grand nombre de suggestions pratiques pour élaborer des tests de compréhension plus valides et plus fiables. En s'appuyant sur la recherche conduite

■ ESSAI DE SYNTHÈSE

dans le domaine, elle en propose différents exemples qui peuvent donner une mesure de la compétence en compréhension orale d'élèves ou d'étudiants de différents niveaux. Une synthèse fort utile pour les enseignants désireux d'enrichir leur base de connaissances en matière d'évaluation.

Pour les élèves des classes élémentaires, ou encore pour les apprenants débutants, nous avons relevé une série d'épreuves non verbales qui sont nettement plus faciles pour eux, donc mieux adaptées à leur niveau ou à leurs connaissances linguistiques. En voici quelques exemples.

L'apprenant écoute	la description d'une maison, d'une personne.
L'apprenant regarde	des illustrations représentant différentes maisons, ou personnes.
L'apprenant encercle	l'illustration correspondant à la description.

L'apprenant écoute	un récit, un texte narratif.
L'apprenant regarde	différentes illustrations se rapportant au texte.
L'apprenant classe	les illustrations suivant la chronologie des événements.

L'apprenant écoute	un récit.
L'apprenant regarde	quatre illustrations se rapportant à une conclusion possible au récit.
L'apprenant sélectionne	celle qui lui semble la plus pertinente.

(p. 45-46)

Voilà donc un certain nombre de propositions méthodologiques destinées à une clientèle variée et visant l'enseignement ou l'évaluation de la compréhension orale. Les types d'exercices et les techniques répertoriées, qui illustrent les tendances actuelles dans le domaine, sont quelques balises qui peuvent contribuer à un apprentissage actif et dynamique de la compréhension orale.

TROISIÈME PARTIE

EN GUISE DE PROSPECTIVE

CHAPITRE 7

Quelques tendances évolutives récentes

En fin de parcours, le moment est arrivé de dégager une prospective en nous arrêtant sur quelques questions dont les réponses restent à découvrir, en quelque sorte, des portes d'entrée vers une meilleure saisie de l'habileté de compréhension orale. Dans les lignes qui suivent, nous dresserons d'abord un bilan relatif à la langue maternelle, et ensuite à la langue étrangère, le volet « langue étrangère » se subdivisant en trois grandes parties : 1) la compréhension orale : vers de nouveaux débats ; 2) la compréhension orale, la « Cendrillon » de l'enseignement de l'anglais langue étrangère ? ; et 3) des avancées certaines.

UN BILAN EN LANGUE MATERNELLE

En s'appuyant sur les exposés présentés par les chercheurs dans le cadre des conférences de l'ILA à Atlanta, en 1989, Witkin (1990) dresse un bilan des recherches menées dans le domaine de la compréhension orale en langue maternelle. Voici ce qu'il en ressort :

• Il existe de nombreuses définitions de la compréhension, mais aucune sur laquelle les chercheurs s'entendent actuellement.
• Il n'existe pas de théorie qui explique vraiment ce qu'est la compréhension et comment elle se produit.

- La plupart des recherches en compréhension n'ont aucune base théorique.
- Les résultats de la recherche existante demeurent souvent contradictoires.
- Les recherches déjà menées n'ont presque jamais été vérifiées, c'est-à-dire reproduites par d'autres chercheurs.

Somme toute, la majorité des réponses resterait encore à découvrir et, si tel est le cas, existe-t-il des perspectives d'avenir dans le domaine ? Au lieu de s'attarder dans une voie sans issue pour essayer de proposer une définition parfaite de la compréhension orale, il serait préférable, selon Witkin, de diriger ses efforts ailleurs. Dans cette perspective, elle nous propose les pistes de réflexion suivantes, illustrées par deux propositions :

1. L'écoute, c'est l'activité à laquelle se livre l'auditeur (« *Listening is what a listener does* », p. 7). Elle explique qu'en utilisant cette définition de la compréhension on évite les difficultés que posent, pour le moment, des définitions plus élaborées.

2. Les contradictions apparentes qui émergent des recherches peuvent se résoudre en adoptant une approche systémique dont les caractéristiques sont les suivantes :

— un système est un ensemble d'éléments organisés et dynamiques ;
— un système est plus grand que chacune de ses parties ;
— tout changement dans une partie du système se répercute obligatoirement sur son ensemble ;
— les limites du système étudié sont déterminées par le chercheur.

L'auteur souligne qu'il est important de bien établir les limites du système étudié, par exemple, l'auditeur en tant qu'individu, la situation d'écoute. Dans le premier cas, le chercheur pourra se concentrer sur les processus neurologiques, physiologiques ou biochimiques mis en œuvre durant l'activité de compréhension, alors que dans le second, il pourra observer les interactions entre le locuteur et l'auditeur. Les diverses disciplines, comme la communication, la psychologie cognitive, la linguistique, la sociolinguistique, la psycholinguistique, la phonétique expérimentale, etc., qui s'intéressent au phénomène de compréhension orale, l'abordent chaque fois sous un angle particulier. C'est donc dire l'importance de bien préciser les éléments étudiés dans l'ensemble du système pour éviter la situation plutôt confuse que l'on retrouve aujourd'hui.

Malgré ce bilan, quelque peu pessimiste, dont le but était vraisemblablement de provoquer un sursaut, une réaction chez les chercheurs, les recommandations proposées par Wilkin demeurent très valables, et l'on peut espérer qu'elles conduiront à certains redressements dans le domaine de la recherche.

UN BILAN EN LANGUE ÉTRANGÈRE

En pénétrant dans le monde des langues étrangères, plusieurs questions demeurent dont les réponses sont ou rudimentaires ou contradictoires, comme le laisse entrevoir notre synthèse. Les défis à relever sont nombreux. Voici à la fois une esquisse de quelques problématiques et de quelques tendances qui paraissent se profiler à l'horizon.

La compréhension orale : vers de nouveaux débats

Comme pour la langue maternelle, subsistent certaines hésitations concernant la définition de la compréhension, même si l'on s'accorde pour dire qu'il s'agit d'un processus actif au cours duquel l'individu construit la signification d'un message (Rost, 1990).

Il est évident que la compréhension orale est une habileté complexe qui s'apparente à une tâche de résolution de problèmes durant laquelle les compétences sollicitées vont de la perception des sons, à travers un stimulus oral, jusqu'à leur représentation mentale dans un processus de reconversion en unités de sens. La tâche du débutant en langue étrangère est ardue lorsqu'il s'agit de démarquer des unités acoustiques, car « on n'entend et on ne reconnaît que ce qu'on a l'habitude d'entendre et de reconnaître » (Lhote, 1995, p. 28). On sait aujourd'hui que la qualité de la compréhension passe par la perception des sons, et l'apprenant auditeur en langue étrangère doit changer ses habitudes acquises en langue maternelle. Ainsi, un étudiant chinois qui étudie le français doit apprendre à reconnaître la différence entre des sons voisés et non voisés qui n'existent pas dans sa langue maternelle. Chaque langue possède un accent, une intonation et un rythme qui lui sont propres, et la méconnaissance de ces traits prosodiques entraîne des difficultés dans la compréhension des messages.

Compte tenu du caractère éphémère de la parole, l'auditeur, lors d'échanges, doit être vigilant en essayant de comprendre sur-le-champ les propos d'un locuteur qui utilise souvent une grammaire imparfaite et procède à de nombreuses restructurations. Il est vrai aussi que la redondance que l'on retrouve dans les échanges quotidiens permet de préciser certaines idées qui auraient été mal saisies. Et, naturellement, l'auditeur a toujours le loisir de faire répéter un mot ou de demander des clarifications.

Le non-verbal (gestes, mimiques) peut faciliter la compréhension, tout autant qu'il peut induire l'auditeur en erreur. Pour Oxford (1993), durant les interactions, la signification viendrait à 90 % du non-verbal. Il va sans dire que plus le texte ou l'échange est long, plus les contraintes deviennent importantes sur la mémoire de travail et la mémoire à long terme. Dans l'apprentissage des langues et de la compréhension orale, la réussite dépend en grande partie de la mémoire, comme l'explique Weinrich (1995), car c'est elle qui « arrête les comptes ». Imaginons qu'au cours d'une situation d'écoute nous ayons bien compris certains réseaux sémantiques, certaines structures grammaticales, la partie sera malgré tout perdue si la mémoire ne prend pas part à ce jeu, c'est-à-dire si ces données ne sont pas intégrées. « L'outil reste l'effet pervers par excellence qui annule tous les comptes, tout économiques qu'ils soient » (p. 37).

Comme nous l'avons signalé (voir le chapitre 2 consacré aux modèles), il reste encore à apprendre sur le fonctionnement de la mémoire durant les tâches de compréhension. Weinrich encourage les enseignants à parler régulièrement à leurs apprenants des problèmes mnémoniques auxquels ils font face en situation d'écoute, afin d'essayer de trouver ensemble des solutions. Comment, par exemple, garder en mémoire les mots clés d'un texte que l'on est en train d'écouter et qui renvoient à un certain nombre d'idées principales ? Comment éviter une surcharge de la mémoire de travail ? Il ne s'agit pas d'imposer une méthode universelle, à supposer qu'il en existe une, mais d'encourager des techniques individuelles adaptées à l'esprit de chacun et à l'apprentissage de la compréhension.

Dans un autre ordre d'idée, la suggestion d'établir les limites du système étudié en poussant plus avant certaines études pourrait s'appliquer également aux recherches en langue étrangère. En observant les recherches menées jusqu'à ce jour, on constate en effet qu'il existe peu de concertation entre les chercheurs et il est assez rare que l'on confirme ou que l'on infirme des observations faites à l'occasion d'une recherche empirique. Il en résulte un certain morcellement qui n'aide pas vraiment à la mise en place de quelques pièces de ce puzzle qu'est l'enseignement-apprentissage de la compréhension orale.

Comme on a pu le noter, la plupart des recherches en langue étrangère, citées dans la deuxième partie de l'ouvrage, ont été menées au secondaire ou en milieu universitaire. Quant au primaire, il fait encore figure de parent pauvre, mises à part les études sur les programmes d'immersion et de base. Notons que les traits propres de ces programmes (y compris quelques résultats de recherches sur les capacités réceptives) ont déjà été présentés et analysés objectivement par Rebuffot dans *Le Point sur l'immersion au Canada* (1993). Il n'y avait donc pas lieu d'y revenir ici. Cela dit, cette pénurie de recherches au primaire prive les enseignants d'assises théoriques fort utiles pour l'enseignement-apprentissage de la compréhension orale. Dans les années à venir, il s'agirait donc de s'employer à combler ce vide.

La compréhension orale, la « Cendrillon » de l'enseignement de l'anglais langue étrangère ?

> « La salle de classe n'est pas la vie réelle et il faut beaucoup d'imagination et de ressources pour planifier des activités comportant un défi pour les apprenants… »
> (Painchaud, 1990, p. 24).

Dans le chapitre consacré aux interventions pédagogiques, nous avons vu que les enseignants travaillent à l'élaboration d'instruments pédagogiques afin de rendre l'apprentissage de la compréhension orale plus efficace, plus facile, à partir d'activités d'une grande diversité qui canalisent l'attention de l'apprenant, aiguillent sa perception auditive et l'aident à devenir plus autonome et responsable de son apprentissage. Dans cette optique, les activités de résolution de problème constituent le plus souvent la pierre angulaire d'un programme de compréhension orale.

Toutefois, et non sans quelque morosité, certains didacticiens remarquent que la compréhension orale fait encore figure de « Cendrillon », en particulier dans l'enseignement de l'anglais langue étrangère. C'est ce qualificatif qu'utilise Mendelsohn (1994) pour attirer notre attention sur le fait que la compréhension orale reste un aspect négligé dans de nombreux manuels d'anglais langue étrangère qu'il a eu l'occasion d'examiner. Pourquoi ? Selon lui, il existerait trois raisons principales. D'abord, il y a l'idée que les apprenants ne peuvent faire autrement qu'améliorer leur compréhension, puisqu'ils doivent écouter l'enseignant durant de longues périodes. En d'autres termes, on apprendrait par osmose. Ensuite, de nombreux enseignants, ne sachant pas comment enseigner cette habileté, se contentent de fournir quelques exercices en passant sous silence les possibilités offertes par la mise en œuvre de stratégies. Enfin, les textes utilisés ne sont guère représentatifs du code oral et les tâches d'évaluation de la compréhension manquent de réalisme par rapport aux situations réelles de communication. Une situation qu'il est donc important de redresser au plus vite.

Des avancées certaines

Par-delà les considérations qui précèdent, des avancées certaines ont eu lieu qui permettent de mieux comprendre les comportements et les performances des sujets en situation de compréhension orale. Les recherches sur les stratégies, un domaine plus facilement modélisable et abordable, en sont un exemple concret. Et l'on espère que cette investigation débouchera, avec toute la rigueur indispensable, sur l'action dans une perspective didactique. Comme le souligne Gaonac'h (1982, p. 174), « le but du dialogue entre théoricien et praticien n'est pas que ce dernier soit "au courant" de la dernière théorie à la mode : la "fuite en avant" sert trop souvent en sciences humaines, en particulier, de miroir aux alouettes épistémologiques ; c'est d'abord de s'assurer qu'ils savent bien dans quelle direction ils vont ».

Les différentes possibilités offertes par l'intégration des nouvelles technologies dans nos cours, même s'il y a encore beaucoup de progrès à faire au niveau de leur convivialité, encouragent l'apprenant à être plus actif et le préparent à des défis plus complexes. C'est ainsi que les cheminements peuvent être parfois diversifiés, selon le style d'apprentissage de chacun, et répondre de façon unique à des besoins variés en compréhension orale. Les enseignants doivent naturellement investir du temps pour apprivoiser ces technologies et en tirer le meilleur parti possible afin de renouveler les solutions et la pratique d'enseignement.

Wilcox-Peterson (1991, p. 112) déclarait que l'on pose souvent la question « *Do you speak English ?* », alors que l'on demande plus rarement « Vous comprenez l'anglais ? ». C'est oublier le défi extraordinaire que pose à l'apprenant la compréhension d'une langue nouvelle. Comme elle le souligne, les enseignants devraient corriger cette situation en attachant une plus grande importance à cette capacité qui occupe, dans notre quotidien, le devant de la scène. Nous passons en effet... 45 % de notre temps à écouter, contre 30 % à nous exprimer oralement, 16 % à lire et 9 % à écrire. L'enseignement de la compréhension orale est une entreprise qui se heurte encore à plusieurs difficultés, et cela justifie nos meilleurs efforts, ainsi que toute notre compétence et notre ténacité.

Bibliographie

AARONSON, D. (1967). « Temporal factors in perception and short-term memory ». *Psychological Bulletin*, 67.

ADAM, J.-M. (1987). « Types de séquences textuelles élémentaires ». *Pratiques*, 56.

ADAM, J.-M. (1991). « Une typologie d'inspiration bakhtinienne : penser l'hétérogénéité textuelle ». *Études de linguistique appliquée*, 83.

AIKEN, E.G., THOMAS, G., SHENNUN, W.A. (1975). « Memory for a lecture : effects of notes, lecture rate and informational density ». *Journal of Educational Psychology*, 67.3.

AITCHISON, J. (1987). *Words in the Mind*. London, Blackwell.

ANDERSON, R. (1977). « The notion of schemata and the educational enterprise : general discussion of the conference ». In *Schooling and the Acquisition of Knowledge*. R. Anderson, R. Spiro, W. Montagne (dir.). Hillsdale, NJ, Erlbaum.

ANEIRO, S. (1989). « The influence of receiver apprehension in foreign language learners on listening comprehension among Puerto Rican college students ». Thèse de doctorat, université de New York.

ASHER, J.J. (1965). « The strategy of total physical response : an application to learning Russian ». *IRAL*, 3.

ASHER, J.J. (1969). « The total physical response approach to language learning ». *The Modern Language Journal*, 53.

ASHER, J.J., PRICE, B. (1967). « The learning strategy of the total physical response : some age differences ». *Child Development*, 38.4.

ATKINSON, R.C., SHIFFRIN, R.M. (1968). « Human memory : A proposed system and its control processes ». In *The Psychology of Learning and Motivation : Advances in Research and Theory* (vol. 2). Spence, K.W., Spence, J.T. (dir.). New York, Academic Press.

AUSTIN, J.L. (1962). *How to do Things with Words*. Oxford : OUP.

BACON, S.M. (1989). « Listening for real in the foreign language classroom ». *Foreign Language Annals*, 22.

BACON, S.M. (1992). « Authentic listening in Spanish : how learners adjust theirs strategies to the difficulty of the input ». *Hispania*, 75.

BACON, S.M. (1992). « The relationship between gender, comprehension, processing strategies and cognitive and affective responses in foreign language listening ». *The Modern Language Journal*, 76.2.

BADDELEY, A. (1986). *Working Memory*. Oxford, Clarendon.

BALTOVA, I. (1994). « The impact of video on the comprehension skills of core French students ». *The Canadian Modern Language Review*, 50.3.

BARKER, L. (1971). *Listening Behaviour*. Eaglewood Cliffs, NJ, Prentice Hall.

BARRY, W. (1981). « Prosodic functions revisited again ! ». *Phonetica*, 38.

BARTLETT, E.J. (1981). *Learning to Write : Some Cognitive and Linguistic Components*. Center for Applied Linguistics.

BEAUGRANDE, R. de (1980). *Text, Discourse and Process*. London, Longman.

BEHNKE, R.R., BEATTY, M.J. (1977). « Effects of time-compressed speech on confidence-weighted comprehension scores ». *Southern Speech Communication Journal*, 42.

BERKOVITS, R. (1984). « A perceptual study of sentence-final intonation ». *Language and Speech*, 27.4.

BESSE, H. (1980). « Enseigner la compétence de communication ». *Le Français dans le monde*, 153.

BETTIN, A. (1996). « L'Internet — ressources pour l'enseignement des langues ». *La Revue de l'AQEFLS*, 17. 3 et 4.

BIALYSTOK, E.B. (1978). « A theoretical model of second language learning ». *Language Learning*, 28.

BIBEAU, G. (1983). « La théorie du moniteur de Krashen : aspects critiques ». *Bulletin de l'ACLA*, 5.1.

BISAILLON, J. (1994). « Le vidéodisque interactif, gadget ou support à l'apprentissage ? ». *Québec français*, 95.

BISAILLON, J. (1995a). « Lire des textes à l'écran, un avantage pour l'apprentissage de la lecture ? ». *Québec français*, 99.

BISAILLON, J. (1995b). « Les nouvelles technologies dans l'enseignement dites-vous ? Vous m'en reparlerez ! ». *Québec français*, 101.

BISAILLON, J. (1996). « Les nouvelles technologies ont-elles leur place dans l'apprentissage/l'enseignement des langues aux adultes ? ». *La Revue de l'AQE-FLS*, 17. 3 et 4.

BLAU, E.K. (1990). « The effect of syntax, speed and pauses on listening comprehension ». *TESOL Quarterly*, 24.4.

BOOMER, D.S. (1965). « Hesitations and grammatical encoding ». *Language and Speech*, 8.

BOUCHARD, R. (1991). « Repères pour un classement sémiologique des événements communicatifs ». *Études de linguistique appliquée*, 83.

BOULOUFFE, J. (1992). « Les évitements de l'enseignement axé sur la compréhension ». In *Comprehension-Based Second Language Learning/L'enseignement des langues secondes axé sur la compréhension*. Courchêne, R.J., Glidden, J.I., St. John, J., Thérien, C. (dir.). Ottawa, Les Presses de l'Université d'Ottawa.

BOYLE, J.P. (1987). « Sex differences in listening vocabulary ». *Language Learning*, 37.

BOYLE, J. (1984). « Factors affecting listening comprehension ». *ELT Journal*, 38.

BRANSFORD, J.D., JOHNSON, M.K. (1972). « Contextual prerequisites for understanding : some investigation of comprehension and recall ». *Journal of Verbal Learning and Verbal Behavior*, 11.

BRONCKART, J.P., BAIN, D., SCHNEUWLY, B., PASQUIER, A., DAVAUD, C. (1985). *Le Fonctionnement des discours*. Neuchâtel et Paris, Delachaux et Niestlé.

BROWN, A.L., PALINSCAR, A.S. (1982). « Inducing strategic learning from texts by means of informed self-control training ». *Topics in Learning and Learning Disabilities*, 2.

BROWN, C. (1983). « The distinguishing characteristics of the older second language learner ». Doctoral dissertation, University of California, Los Angeles.

BROWN, G. (1987). « Twenty-five years of teaching listening comprehension ». *English Teaching Forum*. Washington, DC, Information Center Service.

BROWN, G. (1995). « Dimensions of difficulty in listening comprehension ». In *A Guide For the Teaching of Second Language Teaching*. Mendelsohn, D.J., Rubin, J. (dir.). San Diego, Dominie Press, Inc.

BROWN, G., YULE, G. (1983). *Discourse Analysis*. Cambridge, Cambridge University Press.

BUCK, G. (1990). « The testing of second language listening comprehension ». Thèse de doctorat, université de Lancaster.

BUCK, G. (1991). « The testing of listening comprehension : an introspective study ». *Language Testing*, 81.1

BUCK, G. (1992). « Listening comprehension : construct validity and trait characteristics ». *Language Testing*, 42.3.

BYRNES, H. (1984). « The role of listening comprehension : a theoretical base ». *Foreign Language Annals*, 17.

CALL, M.A. (1985). « Auditory short-term memory, listening comprehension and the input hypothesis ». *TESOL Quarterly*, 19.4.

CARRELL, P.L. (1983). « Three components of background knowledge in reading comprehension ». *Language Learning*, 33.

CARRELL, P.L. (1984). « Evidence of a formal schema in second language comprehension ». *Language Learning*, 34.2.

CARRELL, P.L. (1985). « Facilitating ESL reading by teaching text structure ». *TESOL Quarterly*, 19.

CARRELL, P.L., EISTERHOLD, J.C. (1983). « Schema theory and ESL reading pedagogy ». *TESOL*, 17.4.

CARROLL, J.B. (1977). « On learning from being told ». In *Learning and Instruction (2e édition)*. M.C. Wittrock (dir.). Berkeley, CA, McCutchan.

CHAMOT, A.U., KÜPPER, L., IMPINK-HERNANDEZ, M.V. (1988). *A Study of Learning Strategies in Foreign Language Instruction : Finding of the Longitudinal Study*. Rosslyn, VA, Interstate Research Associates.

CHAMOT, A.U. (1995). « Stratégies : 20 years of research ». In *A Guide for the Teaching of Second Language Listening*. Mendelson, D.J., Rubin, J. (dir.). San Diego, Dominie Press, Inc.

CHAMPAGNE-MUZAR, C. (1992). « Les faits phonétiques et l'enseignement des langues secondes axé sur la compréhension : état de la question ». In *Comprehension-Based Second Language Learning/L'enseignement des langues secondes axé sur la compréhension*. Courchêne, R.J., Glidden, J.I., St. John, J., Thérien, C. (dir.). Ottawa, Les Presses de l'université d'Ottawa.

CHAMPAGNE-MUZAR, C., BOURDAGES, J. (1993). *Le Point sur la phonétique en didactique des langues*. Montréal, Centre éducatif et culturel.

CHAMPAGNE-MUZAR, C., BOURDAGES, J., SCHNEIDERMAN, E. (1993). *Accent on Accent*. Montréal, CEC.

CHANIER, T., POTHIER, M. (coordonnateurs du projet) (1996). *Camille*. Université Blaise-Pascal de Clermont-Ferrand. Paris, Clé international.

CHAUDRON, C.S. (1995). « Academic listening ». Conférence de l'ACLA, table ronde, UBC.

CHAUDRON, C.S., LOSCHKY, L., COOK, J. (1994). « Second language listening comprehension and lecture note-taking ». In *Academic Listening*. Flowerdew, J. (dir.). Cambridge, Cambridge University Press.

CHAUDRON, C.S., RICHARDS, J.C. (1986). « The effect of discourse markers on the comprehension of lectures ». *Applied Linguistics*, 7.2.

CHESTERFIELD, R., CHESTERFIELD, K.B. (1985). « Natural order in children's use of second language learning strategies ». *Applied Linguistics*, 6.1.

CHIANG, C.S., DUNKEL, P. (1992). « The effect of speech modification, prior knowledge, and listening proficiency on EFL lecture learning ». *TESOL Quarterly*, 26.2.

CHODOROW, M.S. (1979). « Time-compressed speech and the study of lexical and syntactic processing ». In *Sentence Processing*. Cooper, W.E., Walker, E.C.T. (dir.). Hillsdale, NJ, Erlbaum.

CHOMSKY, N. (1957). *Syntactic Structures*. The Hague, Mouton.

CHOMSKY, N. (1959). « A review of B.F. Skinner's verbal behaviour ». *Language*, 35.1

CHOMSKY, N. (1965). *Aspects of the Theory of Syntax*. The Hague, Mouton.

CLARK, H.E., CLARK, E.J. (1977). *Psychology and Language : An Introduction to Psycholinguistics*. San Diego, CA, Harcourt Brace Jovanovich.

CLARK, H.E., CLARK, E.J. (1977). *Psychology and Language*. New York, HBJ.

CLEREHAN, R. (1992). « Taking it down : notetaking practices of L1 and L2 students ». M.A. in Applied Linguistics, Monash University.

COHEN, A.D. (1990). *Language Learning : Insights for Learners, Teachers and Researchers*. New York, Newbury House.

COHEN, A.D. (1990). *Language Learning : Insights for Learners, Teachers and Researchers*. Boston, Heinle & Heinle.

COMPAIN, J., DIONNE, J.-P., DUQUETTE, L., RIVAS-RIVAS, E., WEINBERG, A. (1995). « Étude du niveau de satisfaction d'une clientèle universitaire dans des cours de français L2 axés sur les capacités réceptives ». In *Twenty-Five Years of Second Language Teaching at the University of Ottawa/Vingt-cinq ans d'enseignement des langues secondes à l'Université d'Ottawa*. Courchêne, R.J., Burger,

S., Cornaire, C., LeBlanc, R.J., Paribakht, S., Séguin, H. (dir.). Ottawa, Institut des langues secondes.

COMPTE, C. (1993). *La Vidéo en classe de langue*. Paris, Hachette.

CONRAD, L. (1985). « Semantic versus syntactic cues in listening comprehension ». *Studies in Second Language Acquisition*, 7.

CONRAD, L. (1989). « The effects of time-compressed speech on listening comprehension ». *Studies in Second Language Acquisition*, 11.

CORBEIL, R., THÉRIEN, C. (1992). « Une expérience d'élaboration de matériel didactique pour l'enseignement/apprentissage du français langue étrangère selon une approche axée sur la compréhension ». In *Comprehension-Based Second Language Teaching/L'enseignement des langues secondes axé sur la compréhension*. Courchêne, R.J., Glidden, J.I., St. John., J., Thérien, C. (dir.). Ottawa, Les Presses de l'Université d'Ottawa.

CORNAIRE, C. (1985). *La Lisibilité : Essai d'application de la formule courte d'Henry au français langue étrangère*. Thèse de doctorat inédite, Université de Montréal.

CORNAIRE, C. (1991). *Le Point sur la lecture en didactique des langues*. Montréal, CEC.

CORNAIRE, C., TRÉVILLE, M.-C. (1992). « L'évaluation de la compréhension en français langue étrangère en milieu universitaire aux niveaux élémentaire et intermédiaire ». In *Comprehension-Based Second Language Teaching/L'enseignement des langues secondes axé sur la compréhension*. Courchêne, R.J., Glidden, J.I., St. John, J., Thérien, C. (dir.). Ottawa, Les Presses de l'Université d'Ottawa.

COSTE, D. (1991). « Genres de textes et modes discursifs dans l'enseignement/apprentissage des langues ». *Études de linguistique appliquée*, 83.

COSTE, D., COURTILLON, J., FERENCZI, V., MARTINS-BALTAR, M., PAPO, E. (1976). *Un niveau-seuil*. Strasbourg, Conseil de la coopération culturelle du Conseil de l'Europe.

COURCHÊNE, R.J. (1992). « A comprehension-based approach to curriculum design ». In *Comprehension-Based Second Language Teaching/L'enseignement des langues secondes axé sur la compréhension*. Courchêne, R.J., Glidden, J.I., St. John, J., Thérien, C. (dir.). Ottawa, Les Presses de l'Université d'Ottawa.

COURTEL, C., McKINLEY, M. (1990). *Chouette I* (guide et cahier d'activités). Sous la direction de Duplantie, M., Montréal, CEC.

CRYSTAL, D. (1975). *The English Tone of Voice : Essays in Intonation Prosody and Paralanguage*. London, Arnold.

CUTLER, A. (1986). « Forbear is a homophone : Lexical prosody does not constrain lexical access ». *Language and Speech*, 29.3.

CYR, P. (1996). *Le Point sur les stratégies d'apprentissage d'une langue étrangère*. Montréal, CEC.

D'ANGLEJAN, A., RENAUD, C., ARSENEAULT, R.H., LORTIE, A.M. (1981). *Difficultés d'apprentissage de la langue étrangère chez l'immigrant adulte en situation scolaire : une étude dans le contexte québécois*. Québec, Centre international de recherche sur le bilinguisme, Presses de l'Université Laval.

DEMYANKOV, V. (1983). « Understanding as an interpretive activity ». *Voprosy yazykoznaniya*, 32.

DERWING, T.M. (1989). « Information type and its relation to non-native speaker comprehension ». *Language Learning*, 39.

DESCHÊNES, A.-J. (1988). *La Compréhension et la production de textes*. Sillery, Québec, Presses de l'université du Québec.

DESGROSEILLERS, P. (1993). « Fiches contact ». *Contact*, 12.1.

DESMARAIS, L. (1995). « L'évaluation de didacticiels — un modèle qualitatif ». Atelier présenté à l'occasion du colloque international sur l'expression orale et écrite en L2 : recherche, enseignement, technologie. Université d'Ottawa, décembre 1995.

DIRVEN, R., OAKESHOLT-TAYLOR, J. (1985). « Listening comprehension ». *Language Teaching*, 18.

DIVESTA, F., GRAY, S. (1972). « Listening and note-taking ». *Journal of Educational Psychology*, 63.1.

DOLLAGHAN, C.A. (1987). « Comprehension monitoring in normal and language impaired children ». *Topics in Language Disorders*, 7.2.

DOOLING, D.J., LACHMAN, R. (1971). « Effects of comprehension on retention of prose ». *Journal of Experimental Psychology*, 88.2.

DOUGHTY, C. (1994). « Finely-timed feedback as focus on form ». Paper presented at the Symposium on *Focus on form — what is it ?*, Second Language Research Forum, Montréal, octobre 1995.

DULAY, H., BURT, M., KRASHEN, S. (1982). *Language Two*. New York, Oxford University Press.

DUNKEL, P., DAVY, S. (1989). « The heuristic of lecture notetaking : perception of American and international students regarding the value and practice of notetaking ». *English for Specific Purposes*, 8.1.

DUNKEL, P., HENNING, G., CHAUDRON, C. (1993). « The assessment of an L2 listening comprehension contrast : a tentative model for test specification and development ». *The Modern Language Journal*, 77.ii.

DUNKEL, P. (1990). *Computer-Assisted Language Learning and Testing*. New York, Newbury House.

DUNKEL, P. (1991). « Listening in the native and second or foreign language : toward an integration of research and practice ». *TESOL Quarterly*, 25.

DUPLANTIE, M., BEAUDOIN, C., HULLEN, J. (1990). *Élans I* (livre de l'élève et cahiers d'activités). Montréal, CEC.

DUQUETTE, L. (1993). *L'Étude de l'apprentissage du vocabulaire en contexte par l'écoute d'un dialogue scénarisé en français langue étrangère*. Thèse de doctorat, université de Montréal. Québec, CIRAL, Université Laval, B-187.

ELLIS, R. (1992). « Comprehension and the acquisition of grammatical knowledge in a second language ». In *Comprehension-Based Second Language Learning/L'enseignement des langues secondes axé sur la compréhension*. Courchêne, R.J., Glidden, J.I., St. John, J., Thérien, C. (dir.). Ottawa, Les Presses de l'Université d'Ottawa.

ELLIS, R., ROBERTS, C. (1987). « Two approaches for investigating second language acquisition in context ». *Second Language Acquisition in Context*. In Ellis, R. (dir.). Englewood Cliffs, NJ, Prentice-Hall International.

ELLIS, R., TANAKA, Y., YAMAZAKI, A. (1994). « Classroom interaction, comprehension and the acquisition of L2 word meanings ». *Language Learning*, 44.3.

ERNST, G. (1994). « Talking circle : conversations and negociations in the ESL classroom ». *TESOL Quarterly*, 28.2.

ESPÉRET, E. (1991). « Improving writing skills : Which approaches and what target skills ? ». *European Journal of Psychology of Education*, 1.2.

EYKYN, L. (1992). « The effects of listening guides on the comprehension of authentic texts by novice learners of French as a second language ». Unpublished dissertation, University of South Carolina.

FAERCH, C., KASPER, G. (1986). « The role of comprehension in second language learning ». *Applied Linguisitics*, 7.

FATHMAN, A. (1975). « The relationship between age and second language productive ability ». *Language Learning*, 25.

FAYOL, M., MOUCHON, S. (1994). « De quelques marques associées à la gestion de certaines opérations cognitives durant la lecture ». In *Évaluer le savoir-lire*. Boyer, J.-Y., Dionne, J.-P., Raymond, P. (dir.). Montréal, Les Éditions Logiques.

FEYTEN, C.M. (1991). « The power of listening ability : an overlooked dimension in language acquisition ». *The Modern Language Journal*, 75.

FINDAHL, O., HOIJER (1982). « The problem of comprehension and recall of broadcast news ». In *Language and Comprehension*. Le Ny, J.-M., Kintsch, W. (dir.). Amsterdam, North-Holland.

FISHER, J., HARRIS, M. (1973). « Effect of note-taking and review on recall ». *Journal of Educational Psychology*, 55.3.

FOULKE, E., STICHT, T.G. (1969). « Review of research on the intelligibility and comprehension of accelerated speech ». *Psychological Bulletin*, 72.

FRASER, C., BELLUGI, V., BROWN, R. (1963). « Control of grammar in imitation, comprehension and production ». *Journal of Verbal Learning and Verbal Behavior*, 2.

GAONAC'H, D. (1982). « Psychologie cognitive et approche communicative en didactique des langues étrangères ». *Revue de psychologie appliquée*, 61.62.

GAONAC'H, D. (1987). *Théories d'apprentissage et acquisition d'une langue étrangère*. Paris, Hatier, CREDIF.

GARNHAM, C. (1986). *Psycholinguistics : Central Topic*. London, Methuen.

GERMAIN, C., (1986). « Approche communicative et enseignement du sens ». In *Propos sur la pédagogie de la communication en langues secondes*. Boucher, A.-M., Duplantie, M., LeBlanc, R. (dir.). Montréal, CEC.

GERMAIN, C. (1993). *Évolution de l'enseignement des langues : 5 000 ans d'histoire*. Paris, Clé international, et Montréal, HMH.

GERMAIN, C., SÉGUIN, H. (1995). *Le Point sur la grammaire en didactique des langues*. Montréal, CEC.

GERMAIN-RUTHERFORD, A. (1995). « Quelques exemples concrets d'initiation à l'apprentissage autodirigé dans la classe de français langue étrangère ». *La Revue de l'AQEFLS*, 17.1 et 2.

GÉROT, L. (1987). « Integrative work : an exploration in what makes comprehension test questions easy or difficult ». In *Systemic Perspectives on Discourse*. Benson, J., Greaves, W. (dir.). Norwood, NJ, Ablex.

GIACOBBE, J. (1992). *Acquisition d'une langue étrangère. Cognition et interaction*. Paris, CNRC Éditions.

GIASSON, J. (1992). « Stratégies d'intervention en lecture : quatre modèles récents ». In *La Lecture et l'écriture : enseignement et apprentissage*. Préfontaine, C., Lebrun, M. (dir.). Montréal, Les Éditions Logiques.

GLANZER, M. (1976). « Intonation grouping and related words in free recall ». *Journal of Verbal Learning and Verbal Behaviour*, 15.1.

GLISAN, E.W. (1985). « The effect of word order on listening and pattern retention : An experiment in Spanish as a foreign language ». *Language Learning*, 35.3.

GOSS, B. (1982). « Listening as information processing ». *Communication Quarterly*, 30.4.

GRAHAM, N.C. (1974). « Response strategies in the partial comprehension of sentences ». *Language and Speech*, 17.

GRICE, H.P. (1969). « Utterer's meaning and intentions ». *Philosophical Review*, 78.

GRIFFITS, R. (1990). « Speech rate and NNS comprehension : A preliminary study ». *Language Learning*, 40.3.

GRIFFITS, R. (1991). « Pausological research in an L2 context : A rationale, and review of selected studies ». *Applied Linguistics*, 12.4.

GRIFFITS, R. (1992). « Speech rate and listening comprehension : Further evidence of the relationship ». *TESOL Quarterly*, 26.2.

GROSJEAN, F. (1983). « How long is the sentence ? Prediction and prosody in the on-line processing of language ». *Linguistics*, 21.3.

GUBERINA, P. (1965). « La méthode audiovisuelle structuro-globale ». *Revue de phonétique appliquée.*

GUBERINA, P., RIVENC, P. (1962). *Voix et images de France.* Paris, CREDIF.

HALLIDAY, M.A.K. (1970). « Language structure and language functions ». In *New Horizons in Linguistics*. Lyons, J. (dir.). Harmondsworth, Middlesex, Penguin Books.

HALLIDAY, M.A.K. (1978). *Language as Social Semiotic*. Londres, Arnold.

HAMMADOU, J.A. (1990). « Inter-relationship among prior knowledge, inference and language proficiency ». *The Modern Language Journal*, 74.

HANSEN, C., JENSEN, C. (1994). « Evaluating lecture comprehension ». In *Academic Listening*. Flowerdew, J. (dir.). Cambridge, Cambridge University Press.

HERRON, C.A. (1994). « An investigation of the effectiveness of using an advance organiser to introduce video in the foreign language classroom ». *The Modern Language Journal*, 78.2.

HERRON, C.A., HANLEY, J. (1992). « Using video to introduce children to a foreign culture ». *Foreign Language Annals*, 25.5.

HERRON, C.A., MORRIS, M., SCULES, T., CURTIS, L. (1995). « A comparison study of the effects of video-based versus text-based instruction in the foreign language classroom ». *The French Review*, 68.5.

HERRON, C.A., SEAY, I. (1991). « The effect of authentic and oral texts on student listening comprehension in the foreign language classroom ». *Foreign Language Annals*, 24.

HEYMAN, J. (1986). « Formulating topic in the classroom ». *Discourse Processes*, 9.

HOROWITZ, R. (1990). « Discourse organization in oral and written language : Critical contrasts for literacy and schooling ». In *Individualizing the Assessment of Language Abilities*. De Jong, H.A.L., Stevenson, D. (dir.). Clevedon, Multilingual Matters.

HORWITZ, E.K. (1990). « Attending to the affective domain in the foreign language classroom ». In *Shifting in the Instructional Focus to the Learner*. S.S. Magnan (dir.). Middlebury, VT, Northeast Conference.

HOSENFELD, C. (1976). « Learning about learning : Discovering our students'strategies ». *Foreign Language Annals*, 9.2.

HOSENFELD, C. (1981). « Second language reading : A curriculum sequence for teaching reading strategies ». *Foreign Language Annals*, 14.5.

HUANG, J., HATCH, E. (1978). « A Chinese child's acquisition of English ». In *Second Language Acquisition : A Book of Readings*. Hatch, E. (dir.). Rowley, Newbury House Publishers.

HUNT, K.W. (1965). *Grammatical Structures Written at Three Grade Levels*. Chicago, NCTE.

HYMES, D. (1971). « On communicative competence ». In *Sociolinguistics*. Pride, J.B., Holmes, J. (dir.). Harmonds Worth, Penguin Education.

JAKOBSON, R. (1963). *Essais de linguistique générale*. Paris, Éditions de Minuit.

JAMES, C.J. (1986). « Listening and learning : Protocols and processes ». In *Second-Language Acquisition : Preparing for Tomorrow*. Snyder, B. (dir.). Lincolnwood, IL, National Textbook.

JANDA, R.D. (1985). « Note-taking in English as a simplified register ». *Discourse Processes*, 8.4.

JOINER, E. (1986). « Listening in the foreign language ». In *Listening, Reading and Writing : Analysis and Application*. B.H. Wing (dir.). Middlebury, VT, Northeast Conference on the Teaching of Foreign Languages.

JUN-AUST, H. (1985). « Individual differences in second language learning of Korean immigrant students ». *ERIC*, ED256156.

KELCH, K. (1985). « Modified input as an aid to comprehension ». *Studies in Second Language Acquisition*, 7.

KIEWRA, K. (1985). « Investigating note-taking and review, a depth of processing alternative ». *Educational Psychologist*, 20.1.

KING, P.E., BEHNKE, R.R. (1989). « The effect of time-compressed speech in comprehensive, interpretive and short-term listening ». *Human Communication Research*, 15.3.

KNOERR, H. (1996). « Enseigner la phonétique en français langue étrangère à un public d'adultes ». *La Revue de l'AQEFLS*, 17.3 et 4.

KRAMSCH, C. (1992). « Contextes de compréhension ». In *Comprehension-Based Second Language Teaching/L'enseignement des langues secondes axé sur la compréhension*. Courchêne, R.J., Glidden, J.I., St. John., J., Thérien, C. (dir.). Ottawa, Les Presses de l'Université d'Ottawa.

KRASHEN, S.D. (1981). *Second Language Acquisition and Second Language Learning*. New York, Pergamon Press.

KRASHEN, S.D. (1982). *Principles and Practice in Second Language Acquisition*. Oxford, Pergamon Press.

KRASHEN, S.D., LONG, M.H., SCARCELLA, R. (1979). « Age, rate and eventual attainment in second language acquisition ». *TESOL Quarterly*, 13.4.

KRASHEN, S.D., TERRELL, T.D. (1983). *The Natural Approach : Language Acquisition in the Classroom*. New York, Pergamon Press.

KREIMAN, J. (1982). « Perception of sentence and paragraph boundaries in natural conversation ». *Journal of Phonetics*, 10.

LADAS, H. (1980). « Note-taking on lectures : an information-processing approach ». *Educational Psychology*, 15.1.

LAMENDELLA, J.T. (1977). « General principles of neurofunctional organisation and their manifestations in primary and non-primary language acquisition ». *Language Learning*, 27.

LAURIER, M. (1995). « Un test de classement qui se modèle sur l'apprenant ». Atelier présenté à l'occasion du colloque international sur *L'expression orale et écrite en L2 : recherche, enseignement, technologie*. Université d'Ottawa, décembre 1995.

LeBLANC, R. (1986). « Approche communicative et phonétique ». In *Propos sur la pédagogie de la communication en langues secondes*. Boucher, A.-M., Duplantie, M., LeBlanc, R. (dir.). Montréal, Centre éducatif et culturel.

LeBLANC, R., DUQUETTE, L., COMPAIN, J. (1992). « Cours axé sur les habiletés réceptives ». In *L'Enseignement des langues secondes axé sur la compréhension*. Courchêne, R.J., Glidden, J.I., St. John, J., Thérien, C. (dir.). Ottawa, Les Presses de l'Université d'Ottawa.

LEECH, G. (1983). *Principles of Pragmatics*. London, Longman.

LEGOUX, M.-N., RIEL-SALVATORE, H. (1995). « *Mutatis mutandis*, quand le virage stratégique s'impose ». *La Revue de l'AQEFLS*, 17.1 et 2.

LÉON, P. (1970). « Systématique des fonctions expressives de l'intonation ». In *Analyse des faits prosodiques*. Léon, P.R., Faure, G., Rigault, A. (dir.). Montréal, Paris, Bruxelles, Didier.

LHOTE, E. (1995). *Enseigner l'oral en interaction*. Paris, Hachette.

LIGHTBOWN, P., SPADA, N. (1990). « Focus on form and corrective feedback in communicative language teaching : effects on second language learning ». *Studies in Second Language Acquisition*, 12.

LIGHTBOWN, P. (1992). « Can they do it themselves ? A comprehension-based ESL course for young children ». In *Comprehension-Based Second Language Teaching/L'enseignement des langues secondes axé sur la compréhension*. Courchêne, R.J., Glidden, J.I., Thérien, C., St. John, J. (dir.). Ottawa, Université d'Ottawa.

LINDSAY, D., NORMAN, D. (1977). *Human Information Processing*, 2e édition. New York, Academic Press.

LOFTUS, E. (1975). « Leading questions and the eye-witness report ». *Cognitive Psychology*, 7.

LONG, D.R. (1990). « What you don't know can't help you. An exploratory study of background knowledge and second language listening comprehension ». *Studies in Second Language Acquisition*, 12.

LONG, D.R. (1991). « What foreign language learners *say* they think about when listening to authentic texts ». Session given at ACTFL annual meeting, Nashville, Tennessee.

LUND, R.J. (1991). « A comparison of second language listening and reading comprehension ». *The Modern Language Journal*, 75.

LUNDSTEEN, S.W. (1979). *Listening : its impact on reading and the other language arts*. Urbana, IL, Eric Clearing House on Reading and the Other Language Arts.

MARKHAM, P.L. (1988). « Gender differences and the perceived expertness of the speaker as factors in ESL listening recall ». *TESOL Quarterly*, 22.

MARKHAM, P.L., LATHAM, M. (1987). « The influence of religion-specific background knowledge on the listening comprehension of adult second language students ». *Language Learning*, 37.

MARSLEN-WILSON, W., TYLER, L. (1980). « The temporal structure of spoken language comprehension ». *Cognition*, 8.

McLAUGHLIN, B. (1987). *Theories of Second Language Learning*. London, Edward Arnold.

McLAUGHLIN, B. (1990). « Conscious *versus* unconscious learning ». *TESOL Quarterly*, 24.

McLAUGHLIN, B., ROSSMAN, T., McLEOD, B. (1983). « Second language learning : an information processing perspective ». *Language Learning*, 33.

McNEIL, D. (1970). *The Acquisition Language*. Harper and Rowe, New York.

MENDELSOHN, D. (1994). *Learning to Listen : A Strategy Based Approach for the Second Language Learner*. San Diego, Dominie Press Inc.

MENDELSOHN, D. (1995). « Applying learning strategies in the second/foreign language listening comprehension ». In *A Guide for the Teaching of Second Language Listening*. Mendelsohn, D.J., Rubin, J. (dir.). San Diego, Dominie Press, Inc.

MEYER, B.J.F., BARTLETT, B. (1985). *A Plan for Reading*. University of Arizona, Prose Monograph.

MILLS, E. (1974). *Listening : Key to Communication*. New York, Petrocelli Books.

MINSKY, M. (1982). « A framework for representing knowledge ». In *Mind Design*. J. Haugeland (dir.). Cambridge, MA, MIT Press.

MOISAN, R. (1986). « Le vidéodisque dans l'enseignement des langues : état présent des recherches ». *Bulletin de l'ACLA*, 8.2.

MORLEY, J. (1992). « Theory and practice in listening comprehension ». In *Comprehension-Based Second Language Teaching/L'enseignement des langues secondes axé sur la compréhension*. Courchêne, R.J., Glidden, J.I., St. John, J., Thérien, C. (dir.). Ottawa, Les Presses de l'Université d'Ottawa.

MORTON, J., HAMMERSLEY, R., BEKERIAN, D. (1985). « Headed records : A model for memory and its failures ». *Cognition*, 20.

MUELLER, G. (1980). « Visual cues and listening comprehension : An experiment ». *The Modern Language Journal*, 64.

MURDOCK, B.B. (1962). « The serial position effect of free recall ». *Journal of Experimental Psychology*, 64.

MURPHY, J.M. (1987). « Examining ESL listening as an interpretive process ». *TESOL Newsletter*, XIX.6.

MYDLARSKI, D., PARAMSKAS, D., DEMERS, C. (1992). *Vi-Conte*. Guide pédagogique. University of Calgary, University of Iowa, Iowa City, PICS.

NAGLE, S.J., SANDERS, S.L. (1986). « Comprehension theory and second language pedagogy ». *TESOL Quarterly*, 20.1.

NEUFELD, G. (1980). « Multi-dimensional effects of accented speech in information processing ». Texte ronéotypé. Ottawa, Université d'Ottawa.

NORTON, L.S. (1981). « The effect of note-taking and subsequent use in long-term recall ». *Programmed Learning and Educational Technology*, 18.1

OMAGGIO, A.C. (1979). « Pictures and SL comprehension : do they help ? ». *Foreign Language Annals*, 12.

O'MALLEY, J.M. (1987). « The effects of training in the use of learning strategies on learning English as a second language ». In *Learner Strategies in Language Learning*. Wenden, A., Rubin, J. (dir.). London, Prentice-Hall.

O'MALLEY, J.M., CHAMOT, A.U., STEWNER-MANZANARES, G., KÜPPER, L., RUSSO, R.P. (1985). « Learning strategies used by beginning and intermediate ESL students ». *Language Learning*, 35.

O'MALLEY, J.M., CHAMOT, A.U., KÜPPER, L. (1989). « Listening comprehension strategies in second language acquisition ». *Applied Linguistics*, 10.4.

OXFORD, R.L. (1990). *Language Learning Services : What Every Teacher Should Know*. New York, Newbury House, Harper Collins.

OXFORD, R.L. (1993). « Research update on teaching L2 listening ». *System*, 20.2.

OXFORD, R.L, CROOKALL, D. (1989). « Research on language learning strategies : Methods, findings and instructional issues ». *The Modern Language Journal*, 73.4.

OXFORD, R.L., LAVINE, R.Z. (1991). « Affective aspects of language learning ». Paper presented at the annual meeting of the Modern Language Association. Chicago, IL.

OYAMA, S. (1976). « A sensitive period for the acquisition of a non-native phonological system ». *Journal of Psycholinguistic Research*, 5.3.

PAINCHAUD, G. (1990). « Les stratégies d'enseignement : des recettes aux plans d'action ». *La Revue de l'AQEFLS*, 12.1.

PARIBAKHT, T., RAYMOND, P. (1992). « The implementation of the comprehension-based approach : the University of Ottawa ESL experience ». In *Comprehension-Based Second Language Teaching/L'enseignement des langues secondes axé sur la compréhension.* Courchêne, R.J., Glidden, J.I., St. John., J., Thérien, C. (dir.). Ottawa, Les Presses de l'Université d'Ottawa.

PARIS, S., LIPSON, M.Y., WIXSON, K. (1983). « Becoming a strategic reader ». *Contemporary Educational Psychology*, 4.8.

PATKOWSKI, M. (1980). « The sensitive period and comprehension of speech ». *Language Learning*, 30.

PAULAUSKAS, S. (1993). « The learning and retention effects of learning strategies on the aural comprehension of beginner adult second language learners ». Dissertation, OISE, University of Toronto.

PEARSON, P.D., FIELDING, L. (1982). « Research update. Listening comprehension ». *Language Arts*, 59.6.

PETITJEAN, A. (1989). « Les typologies textuelles ». *Pratiques*, 62.

PHILLIPS, J.K. (1991). « An analysis of text in video newscasts : A tool for schemata building in listeners ». *Linguistics and Language Pedagogy : The State of the Art.* Washington, DC, Georgetown University Press.

PORQUIER, R. (1984). « Communication exolingue et apprentissage des langues ». *Encrages, numéro spécial : Acquisition d'une langue étrangère, III.* Saint-Denis et CLA Neuchâtel, Presses universitaires de Paris. VIII.

RADER, K.E. (1990). « The effects of three different levels of word rate on the listening comprehension of third-quarter university Spanish students ». Unpublished dissertation. The Ohio State University.

REBUFFOT, J. (1993). *Le point sur l'immersion au Canada*, Montréal, CEC.

RENTEL, V., KING, M. (1983). « Present at the beginning ». In *Research on Writing*. Mosenthal, P., Tamor, L., Walmsley, S.A. (dir.). New York, Longman.

RICHARDS, J.C. (1990). *The Language Teaching Matrix*. Cambridge, Cambridge University Press.

RICHTERICH, R. (1996). « Didactique, temps, espace et… lexique ». *Le Français dans le monde*, 268.

RICKARDS, J. (1979). « Note-taking : theory and research ». *Improving Human Performance Quarterly*, 8.3.

ROSSITER, C.M. (1974). « Effects of rate of presentation on listening test scores for recall and inference generation ». In *Time-Compressed Speech*. Duker, S. (dir.). Metushen, NJ, Scarecrow.

ROST, M. (1990). *Listening in Language Learning*. New York, Longman.

ROST, M. (1994). « On-line summaries as representations of lecture understanding ». In *Academic Listening*. Flowerdew, J. (dir.). Cambridge, Cambridge University Press.

ROST, M., ROSS, S. (1991). « Learner use of strategies in interaction : Typology and teachability ». *Language Learning*, 41.2.

ROULET, E. (1991). « Une approche discursive de l'hétérogénéité discursive ». *Études de linguistique appliquée*, 83.

RUBIN, J. (1990). « Improving foreign language listening comprehension ». *Georgetown University Round Table*. Alatis, J.E. (dir.). Washington, DC, Georgetown University Press.

RUBIN, J. (1994). « A review of second language listening comprehension research ». *The Modern Language Journal*, 78.2.

RUBIN, J., THOMPSON, I. (1992). « Materials selection in strategy instruction for Russian listening comprehension ». ERIC document, ED 349796.

RUDER, K.F., JENSON, P.J. (1972). « Fluent and hesitation pauses as a function of syntactic complexity ». *Journal of Speech and Hearing Research*, 15.

RUMELHART, D.E. (1977). « Understanding and summarizing brief stories ». In *Basic Processes in Reading : Perception and Comprehension*. D. Laberge, S.J. Samuels (dir.). Hillsdale, NJ, Erlbaum.

SAMUELS, S.J. (1984). « Factors influencing listening : inside and outside the head ». *Theory Into Practice*, 23.

SAMUELS, S.J. (1987). « Factors that influence listening and reading comprehension ». In *Comprehending Oral and Written Language*. Horowitz, R., Samuels, S.J. (dir.). San Diego, Academic Press Inc.

SANFORD, A.J., GARROD, S.C. (1981). *Understanding Written Language*. New York, John Wiley and Sons.

SCARCELLA, R.C., OXFORD, R.L. (1992). *The Tapestry of Language Learning : The Individual in the Communicative Classroom*. Boston, MA, Heinle & Heinle.

SCHANK, R., ABELSON, R. (1977). « Scripts, plans, goals and understanding : an inquiry into human knowledge structures ». In *Basic Processes in Reading : Perception and Comprehension*. Laberge, D., Samuels, S.J. (dir.). Hillsdale, NJ, Erlbaum.

SCHLESSINGER, I. (1977). *Production and Comprehension in Utterances*. Hillsdale, NJ, Erlbaum.

SCHMIDT-RINEHART, B.C. (1994). « The effects of topic familiarity on second language listening comprehension ». *The Modern Language Journal*, 78.

SCHNEUWLY, B. (1991). « Diversification et progression en DFLM : l'apport des typologies ». *Études de linguistique appliquée*, 83.

SCHWARTZ, A. (1992). « The effects of interactive video training in listening techniques, metacognition, and attribution on the listening comprehension of second language video ». Dissertation, University of Maryland.

SCOVEL, T. (1991). « The role of culture in second language pedagogy ». In *The Tapestry Program*. Scarcella, R.C., Oxford, R.L. (dir.). Boston, MA, Heinle & Heinle.

SEARLE, J.R. (1975). « A taxonomy of illocutionary acts ». *Language in Society*, 5.

SELIGER, H.W., KRASHEN, S.D., LADEFOGED, P. (1975). « Maturational constraints in the acquisition of second language ». *Language Sciences*, 38.

SELINKER, L., LAMENDELLA, J.T. (1978). « Two perspectives on fossilization in interlanguage learning ». *Interlanguage Studies*, 3.2.

SERIGHT, L. (1984). « A study of the effect of age upon second language aural comprehension achievement in Francophone adults learning English in an intensive course ». M.A., Corcordia University, Montréal, Québec.

SERIGHT, L. (1985). « Age and aural comprehension achievement in Francophone adults learning English ». *TESOL Quarterly*, 19.5.

SHARWOOD-SMITH, M. (1985). « Comprehension *vs* acquisition : two ways of processing input ». *Applied Linguistics*, 7.

SHOHAMY, E., INBAR, G. (1991). « Validation of listening comprehension tests : The effect of text and question type ». *Language Testing*, 8.1.

SKINNER, B.F. (1957). *Verbal Behaviour*. New York, Appleton.

SPADA, N., LIGHTBOWN, P.M. (1989). « Intensive ESL programmes in Quebec primary schools ». *TESOL Canada Journal*, 7.1.

SPARKS, R., GANSCHOW, L. (1989). « Linguistic coding deficits in foreign language learners ». *Annals of Dyslexia*, 39.

SPARKS, R., GANSCHOW, L. (1991). « Foreign language learning differences : affective or native language aptitude differences ? » *The Modern Language Journal*, 75.

SPARKS, R., GANSCHOW, L. (1993). « Searching for the cognitive locus of foreign language learning difficulties : linking first and second language learning ». *The Modern Language Journal*, 77.

ST. JOHN, J. (1995). « Using computer-generated visual feedback in teaching English pronunciation ». Atelier présenté à l'occasion du colloque international *L'expression orale et écrite en L2 : recherche, enseignement, technologie*. Université d'Ottawa, décembre 1995.

STEIN, N.L. (1986). « Critical issues in the development of literacy education : towards a theory of learning and instruction ». In *Literacy in American Schools*. Stein, N.L. (dir.). Chicago, The University of Chicago Press.

STEVICK, E. (1993). « Memory : Old news, bad news, new news, good news ». *JALT Journal*, 15.1.

STEVICK, E. (1984). « Similarities and differences between oral and written comprehension : an imagist view ». *Foreign Language Annals*, 17.

SWAIN, M., LAPKIN, S. (1995). « Peer interaction and second language learning : focus on meaning versus focus on form in meaningful contexts ». In *L'Expression orale et écrite en L2 : recherche, enseignement, technologie*. Bayliss, D., Fleury, J., Paribakht, S., Séguin, H., Tréville, M.-C., Williamson, R. (Dir.). Ottawa, CREAL.

TARDIF, J. (1992). *Pour un enseignement stratégique. L'apport de la psychologige cognitive*. Montréal, Les Éditions Logiques.

TAUROZA, S., ALLISON, D. (1990). « Speech rates in British English ». *Applied Linguistics*, 11.

TAYLOR, C. (1985). « Listening comprehension materials and procedures : schema theory, prediction strategy, authenticity ». *TESOL Conference*, New York.

TERRELL, T. (1977). « A natural approach to the acquisition and learning of a language ». *The Modern Language Journal*, 61.7.

THOMPSON, I. (1995). « Assessment of second foreign language listening comprehension ». In *A Guide for the Teaching of Second Language Listening*. Mendelsohn, D.J., Rubin, J. (dir.). San Diego, Dominie Press, Inc.

THOMPSON, L. (1988). « The development of the FLES test-Spanish. Final report ». Center for Applied Linguistics, Washington, DC. Center for Language Education and Research. *ERIC,* ED337042.

TREMBLAY, R., DUPLANTIE, M., HUOT, D. (1990). *National Core French Study — The Communicative/Experiental Syllabus*. Winnipeg, ACPLS et Éditions M.

TRÉVILLE, M.-C. (1995). « Le niveau du perfectionnement : le cas du vocabulaire de la langue étrangère ». In *Twenty-Five Years of Second Language Teaching at the University of Ottawa/Vingt-cinq ans d'enseignement des langues secondes à l'Université d'Ottawa*. Courchêne, R.J., Burger, S., Cornaire, C., LeBlanc, R., Paribakht, S., Séguin, H. (dir.). Ottawa, Institut des langues secondes.

TRÉVILLE, M.-C., DUQUETTE, L. (1996). *Enseigner le vocabulaire en classe de langue*. Paris, Hachette.

VAN EK, J.A. (1975). *The Threshold Level in a European Unit/Credit System for Modern Language Learning by Adults.* Strasbourg, Conseil de l'Europe.

VANDERGRIFT, L. (1992). « The comprehension strategies of second language (French) listeners ». Unpublished doctoral dissertation, University of Edmonton, Alberta.

VANDERPLANK, R.N. (1986). « Isochrony, stress perception and the development of listening comprehension in adult learners of English ». In *Proceedings of the Sixth AILA Congress*. Sigurd, B., Svartik, J. (dir.). Université de Lund.

VANDERPLANK, R.N. (1993). « Pacing and spacing as predictors of difficulty in speaking and understanding English ». *ELT Journal*, 47.2.

VANPATTEN, B. (1989). « Can learners attend to form and content while processing input ? ». *Hispania*, 72.

VYGOTSKY, L.S. (1978). *Mind in Society : The Development of Higher Psychological processes*. Cambridge, Harvard University Press.

VYGOTSKY, L.S. (1986). *Thought and Language*. Cambridge, MA, MIT Press.

WATSON, K., SMELTZER, L. (1984). « Barriers to listening : Comparison between students and practitioners ». *Communication Research Report 1.*

WAUGH, N.C. (1970). « Retrieval time in short-term memory ». *British Journal of Psychology*, 61.

WEINRICH, H. (1995). « Économie et écologie dans l'apprentissage des langues ». *Le Français dans le monde*, 270.

WELLS, G. (1982). *Learning Through Interaction : The Study of Language Development.* Cambridge, CUP.

WENDEN, A.L. (1987). « Metacognition : an expanded view on the cognitive abilities of L2 learners ». *Language Learning*, 37.4.

WENDEN, A.L. (1991). *Learner Strategies for Learner Autonomy.* Englewood Cliffs, Prentice-Hall.

WESCHE, M., MacFARLANE, A., PETERS, M. (1994). « The bain linguistique : a Core French experiment at Churchill Alternative School ». *Final Report.* Ottawa Board of Education.

WILCOX-PETERSON, P. (1991). « A synthesis of methods for interactive listening ». In *Teaching English as a Second or Foreign Language.* Celce-Murcia, M. (dir.). Second edition, Boston, Heinle et Heinle Publishers.

WINOGRAD, P., HARE, V.C. (1988). « Direct instruction of reading comprehension strategies : the nature of teacher explanation ». In *Learning and Study Strategies : Issues in Assessment, Instruction and Evaluation.* In Weinstein, E.C., Goetz, E.T., Alexander, P.A. (dir.). San Diego, Academic.

WITKIN, B.R. (1990). « Listening theory and research : The state of the art ». *Journal of the International Listening Association*, 4.

WOLFF, D. (1987). « Some assumptions about second language text comprehension ». *Studies in Second Language Acquisition*, 9.

WOLVIN, A.D. (1986). « Models of the listening process ». In *Intrapersonal Communication Processes.* Roberts, C.V., Watson, K.W., Barker, L.L. (dir.). New Orleans, Spectra.

WOLVIN, A.D., COAKLEY, C.G. (1985) (1992 ; 4th edition). *Listening.* Dubuque, IA, William C. Brown.